① Good morning.（おはよう。）② Good afternoon.（こんにちは。）
③ Good evening.（こんばんは。）
④ Nice to meet you.（はじめまして。）Nice to meet you, too.（こちらこそ, はじめまして。）
⑤ Hello.（こんにちは。）Hi.（やあ。）How are you?（元気？）I'm fine, thank you.（元気だよ, ありがとう。）
⑥ Bye.（さようなら。）See you.（またね。）⑦ Excuse me.（すみません。）Yes?（はい？）
⑧ Thank you.（ありがとう。）You're welcome.（どういたしまして。）
⑨ I'm sorry.（ごめんなさい。）Don't worry.（大丈夫よ。）

① Listen to the CD. (CDを聞きなさい。)

② Repeat after me. (先生のあとについて言いなさい。)

③ Any volunteers? (だれかやってくれますか?)

④ Say that again. (もう一度言いなさい。)

⑤ Use the dictionary. (辞書を使いなさい。)

⑥ Look at the board. (黒板を見なさい。)

⑦ Open your textbooks to page 20. (教科書の 20 ページを開けなさい。)

⑧ Close your textbooks. (教科書を閉じなさい。)

⑨ Stand up. (立ちなさい。)

⑩ Sit down. (座りなさい。)

⑪ Could you say that again, please? (もう一度言ってもらえますか。)

⑫ I can't hear you. (聞こえません。)

① Japanese

② math

③ English

④ science

⑤ social studies

⑥ music

⑦ P.E.

⑧ fine arts

⑨ industrial arts and home economics

① Japanese	（国語）	⑥ music	（音楽）
② math	（数学）	⑦ P.E.	（体育）
③ English	（英語）	⑧ fine arts	（美術）
④ science	（理科）	⑨ industrial arts and home economics	
⑤ social studies	（社会）		（技術・家庭）

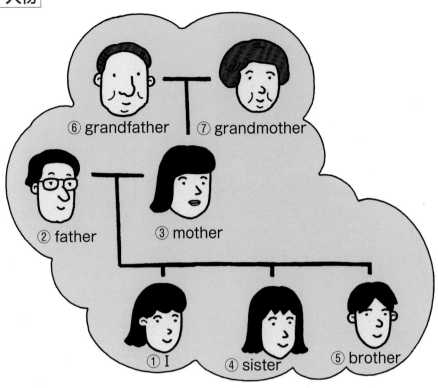

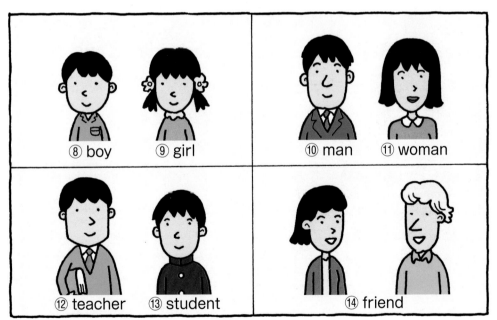

① I	（私）	⑧ boy	（少年，男の子）
② father	（父）	⑨ girl	（少女，女の子）
③ mother	（母）	⑩ man	（男性，男の人）
④ sister	（姉・妹）	⑪ woman	（女性，女の人）
⑤ brother	（兄・弟）	⑫ teacher	（先生）
⑥ grandfather	（祖父）	⑬ student	（生徒）
⑦ grandmother	（祖母）	⑭ friend	（友達）

部屋にあるもの

① door	（ドア）	⑦ bed	（ベッド）
② window	（窓）	⑧ bag	（かばん）
③ chair	（いす）	⑨ hat	（ぼうし）
④ ball	（ボール）	⑩ book	（本）
⑤ box	（箱）	⑪ notebook	（ノート）
⑥ piano	（ピアノ）	⑫ cup	（カップ）

数

① 0 から 10 までの数

0	zero		
1	one	6	six
2	two	7	seven
3	three	8	eight
4	four	9	nine
5	five	10	ten

② 11 から 19 までの数

11	eleven	16	sixteen
12	twelve	17	seventeen
13	thirteen	18	eighteen
14	fourteen	19	nineteen
15	fifteen		

③ 大きな数

20	twenty	60	sixty
30	thirty	70	seventy
40	forty	80	eighty
50	fifty	90	ninety

100	one hundred
1,000	one thousand

曜日・月・順番を表すことば

⑧ What day is it today?

⑨ It's Monday.

1 曜日

① Sunday	日曜日
② Monday	月曜日
③ Tuesday	火曜日
④ Wednesday	水曜日
⑤ Thursday	木曜日
⑥ Friday	金曜日
⑦ Saturday	土曜日

2 月

① January	1月
② February	2月
③ March	3月
④ April	4月
⑤ May	5月
⑥ June	6月
⑦ July	7月
⑧ August	8月
⑨ September	9月
⑩ October	10月
⑪ November	11月
⑫ December	12月

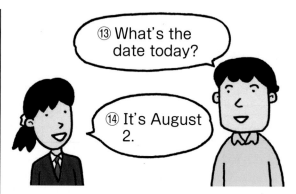

⑬ What's the date today?

⑭ It's August 2.

3 順番を表すことば

1	first	6	sixth
2	second	7	seventh
3	third	8	eighth
4	fourth	9	ninth
5	fifth	10	tenth

1 曜日▶ ① Sunday（日曜日）　② Monday（月曜日）　③ Tuesday（火曜日）
　④ Wednesday（水曜日）　⑤ Thursday（木曜日）　⑥ Friday（金曜日）　⑦ Saturday（土曜日）
　⑧ What day is it today?（今日は何曜日ですか。）　⑨ It's Monday.（月曜日です。）
2 月▶ ① January（1月）　② February（2月）　③ March（3月）　④ April（4月）
　⑤ May（5月）　⑥ June（6月）　⑦ July（7月）　⑧ August（8月）　⑨ September（9月）
　⑩ October（10月）　⑪ November（11月）　⑫ December（12月）
　⑬ What's the date today?（今日は何月何日ですか。）　⑭ It's August 2.（8月2日です。）
3 順番を表すことば▶ first, second, third, fourth, fifth, sixth, seventh, eighth, ninth, tenth

学ぶ人は、
変えて
ゆく人だ。

目の前にある問題はもちろん、

人生の問いや、

社会の課題を自ら見つけ、

挑み続けるために、人は学ぶ。

「学び」で、

少しずつ世界は変えてゆける。

いつでも、どこでも、誰でも、

学ぶことができる世の中へ。

旺文社

とってもやさしい

中1英語

これさえあれば

授業が
わかる

改訂版

旺文社

は じ め に

　この本は，英語が苦手な人にも「とってもやさしく」英語の勉強ができるように作られています。

　中学校の英語を勉強していくなかで，英語は難しい，文法がわからない，英語が聞きとれない，と感じることがあるかもしれません。そんなときに基礎から勉強する手助けとなるのがこの本です。

　『とってもやさしい中1英語 これさえあれば授業がわかる ［改訂版］』では，アルファベットの書きかたや英文のきまりなど，英語の基本事項からていねいにわかりやすく解説してあります。そのあとに文法の解説がありますので，まず英語の基本をおさえ，それから文法の学習をスタートすることができます。

　文法のページでは，1年生で習う内容を1単元2ページでまとめてありますので，無理なく少しずつ学習できます。基本例文と解説を読みながら練習問題が解ける構成になっていますので，自分のペースで学習を進めることができます。

　また，この本には英語の音声がついています。英語を勉強するとき，ネイティブスピーカーの正しい発音を聞くことはとても大切です。リスニングの練習にも役立ちます。

　この本を1冊終えたときに，みなさんが英語のことを1つでも多く「読んでわかる！」「聞いてわかる！」ようになってくれたら，とてもうれしいです。みなさんのお役に立てることを願っています。

株式会社　旺文社

命令文

品詞

いろいろな疑問文

現在進行形の文

過去の文

Webサービス（音声・復習問題プリント・スケジュール表）について

https://www.obunsha.co.jp/service/toteyasa/

● 音声について 🔊

それぞれのページの QR コードから音声サイトにアクセスして，ストーミングで音声を聞くことができます。サイトのトップ画面から音声サイトを利用する場合には，右の２つの方法があります。ご利用になりたい方法を選択し，画面の指示にしたがってください。

● ダウンロード

すべての音声がダウンロードできる「DOWNLOAD」ボタンをクリックし，ダウンロードしてください。MP3形式の音声ファイルは ZIP 形式にまとめられています。ファイルを解凍して，オーディオプレーヤーなどで再生してください。くわしい手順はサイト上の説明をご参照ください。

● ストリーミング （QRコードから直接アクセスすることもできます）

聞きたい音声を選択すると，データをインターネットから読み込んで，ストリーミング再生します。こちらの方法では，機器内に音声ファイルが保存されません。再生をするたびにデータをインターネットから読み込みますので，通信量にご注意ください。

【注意！】●ダウンロード音声の再生には，MP3ファイルが再生できる機器が必要です。●スマートフォンやタブレットでは音声ファイルをダウンロードできません。パソコンで音声ファイルをダウンロードしてから機器に転送するか，ストリーミング再生をご利用ください。●デジタルオーディオプレーヤーへの音声ファイルの転送方法は，各製品の取扱説明書やヘルプをご参照ください。●ご使用機器，音声再生ソフトなどに関する技術的なご質問は，ハードメーカーもしくはソフトメーカーにお願いします。●本サービスは予告なく終了することがあります。

● 復習問題プリントについて

このアイコンがある場合は，その単元の復習問題が掲載されたプリント（PDFファイル形式）が Web 上に用意されています。QRコードを読み取ってアクセスしてください。

● スケジュール表について

1週間の予定が立てられて，ふり返りもできるスケジュール表（PDFファイル形式）が Web 上に用意されていますので，ぜひ活用してください。

本書の特長と使い方

文法を学ぶページ

1単元は2ページ構成です。左のページで文法項目の解説を読んで理解したら,
右のページの練習問題に取り組みましょう。

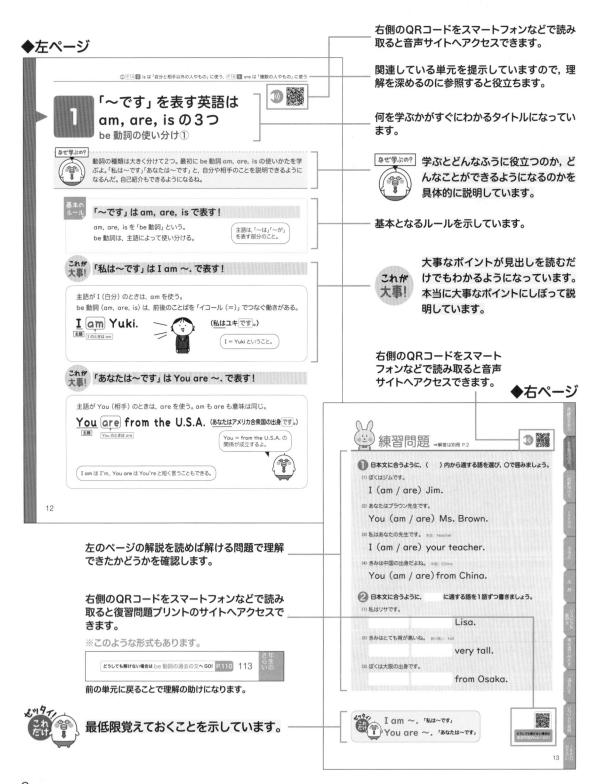

右側のQRコードをスマートフォンなどで読み取ると音声サイトへアクセスできます。

関連している単元を提示していますので, 理解を深めるのに参照すると役立ちます。

何を学ぶかがすぐにわかるタイトルになっています。

学ぶとどんなふうに役立つのか, どんなことができるようになるのかを具体的に説明しています。

基本となるルールを示しています。

大事なポイントが見出しを読むだけでもわかるようになっています。本当に大事なポイントにしぼって説明しています。

右側のQRコードをスマートフォンなどで読み取ると音声サイトへアクセスできます。

左のページの解説を読めば解ける問題で理解できたかどうかを確認します。

右側のQRコードをスマートフォンなどで読み取ると復習問題プリントのサイトへアクセスできます。

※このような形式もあります。

前の単元に戻ることで理解の助けになります。

最低限覚えておくことを示しています。

◆おさらいページ①

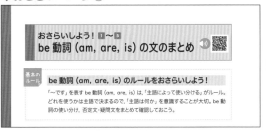

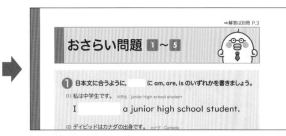

文法項目ごとにおさらいできるページです。覚えているかどうかが確認できます。例文の音声はQRコードから音声サイトへアクセスして確認できます。

文法項目ごとに問題を解くことで，覚えているかどうかしっかり確認できます。

◆おさらいページ②

1年生全体のおさらいです。大事なポイントを例文とともにまとめてあります。例文の音声はQRコードから音声サイトへアクセスして確認できます。

問題を解くことで，1年生全体の内容を覚えているかどうかしっかり確認できます。

音声サイトへ
アクセス

◆巻頭ページ　イラストで覚える英語表現をまとめています。イラストを見ながら音声と一緒に確認して覚えましょう。

◆問題の解答と解説　各単元の「練習問題」や「おさらい問題」，「1年生のおさらい問題」の解答と解説は切り離して使えます。

① Listen to the CD. (CDを聞きなさい。)
② Repeat after me. (先生のあとについて言いなさい。)
③ Any volunteers? (だれかやってくれますか？)
④ Say that again. (もう一度言いなさい。)
⑤ Use the dictionary. (辞書を使いなさい。)
⑥ Look at the board. (黒板を見なさい。)

2　イラストで覚える英語表現

英語を書こう！

これが大事！ 英語の基本 "アルファベット" は覚えている？

英語で使う文字を**アルファベット**といい，A（a）から Z（z）まで26文字ある。

> それぞれに**大文字（A ～ Z）**と**小文字（a ～ z）**がある。
>
> 〈大文字〉
> A B C D E F G H I J K L M N O P Q R S T U V W X Y Z
>
> 〈小文字〉
> a b c d e f g h i j k l m n o p q r s t u v w x y z

書いてみよう！ アルファベットの大文字を，順番に読みながらなぞって書き，もう一度自分で書いてみましょう。

A B C D E F G H I J K L M
N O P Q R S T U V W X Y Z

書いてみよう！ アルファベットの小文字を，順番に読みながらなぞって書き，もう一度自分で書いてみましょう。

a b c d e f g h i j k l m
n o p q r s t u v w x y z

英語のきまり

be動詞の文

一般動詞の文

canの文

命令文

品詞

いろいろな疑問文

現在進行形の文

過去の文

いろいろな表現

１年生のおさらい

 これが大事! 単語の書きかたを復習しよう!

単語はふつう**小文字**で書く。

文字と文字の間をあけすぎないで, ひとまとまりになるように書くのがコツ!

〈よい例〉 ○

piano

〈悪い例〉 ×

piano

つめすぎ

×

p i a n o

あけすぎ

人の名前や国名・地名など, 固有のものを表す語は**大文字**で始める。

人の名前は大文字で始める

Yamada Kei

単語と単語の間は少しあける

（ヤマダ ケイ）

国名や地名は大文字で始める

Japan

（日本）

 これが大事! 文の書きかたを確認しよう!

文は, **大文字**で始める。

単語と単語の間を少し（小文字１字分くらい）あけて書く。
文の最後には, **ピリオド (.)** や**クエスチョンマーク (?)** などをつける。

単語と単語の間は少しあける

He is Rio.
ピリオド

文の最初は大文字　人の名前は大文字で始める

書いてみよう! 左の英文を書いてみましょう。

（彼はリオです。）

Are you busy?

クエスチョンマーク

文の最初は大文字

（あなたは忙しいですか。）

アポストロフィー

No, I'm not.
ピリオド

コンマ　I(私は)はいつも大文字

（いいえ, 忙しくありません。）

英語のルール！

 英語の語順を理解しよう！

英語と日本語の大きな違いは**語順**（語を並べる順番）。

英語は 主語 ➡ 動詞 ➡ その他 の語順になることを，まず頭に入れておこう。
主語は「だれが」，動詞は「どうした」にあたる部分のこと。

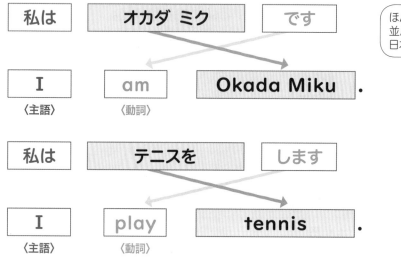

| 私は | オカダ ミク | です |

| I | am | Okada Miku |．
〈主語〉 〈動詞〉

| 私は | テニスを | します |

| I | play | tennis |．
〈主語〉 〈動詞〉

> ほんとだ！ 単語の
> 並んでいる順番が
> 日本語と違ってる！

 英語は主語（「〜は」「〜が」）が必ず必要！

主語は，日本語の「〜は」「〜が」にあたる部分のこと。

日本語では「（ぼくは）はらぺこだよ」「（この人は）私の姉よ」の（ ）の部分（＝主語）
を省略することもあるが，英語では必ず主語が必要。

| I | am very hungry.（私はとてもおなかがすいています。）
〈主語〉

| This | is my sister.（この人は私の姉です。）
〈主語〉

基本の
ルール

動詞は主語のあとにくる！

動詞は，日本語の「どうした」「どうする」「どんなだ」などにあたることば。
日本語では文の最後に言うことが多いが，英語では主語のあとにくる。
英語の動詞は，次のように大きく2つに分けられる。
どちらの動詞も， 主語 ➡ 動詞 ➡ その他 の語順はかわらない。

これが
大事！

ようすや状態を表す動詞 am, are, is

1つめは be動詞。「〜です」「〜にいます」「〜にあります」など，主語について説明したり，主語のようすや状態を表すときなどに使う。be 動詞は，am, are, is の3つだけ。

We ┃ are ┃ friends.（私たちは友達です。）
〈be動詞〉

Megumi ┃ is ┃ very kind.（メグミはとても親切です。）
〈be動詞〉

これが
大事！

動作や行動などを表す動詞

もう1つは一般動詞。be 動詞以外の動詞はすべて一般動詞。
一般動詞には，「起きる」「食べる」「勉強する」など，動作や行動を表したり，「好きだ」「考える」など，心の動きを表したり，さまざまなものがある。

We ┃ study ┃ English.（私たちは英語を勉強します。）
〈一般動詞〉

I ┃ like ┃ cats.（私はネコが好きです。）
〈一般動詞〉

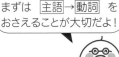
どんなに長い英文でも，まずは 主語→動詞 をおさえることが大切だよ！

P.14 2 is は「自分と相手以外の人やもの」に使う，P.16 3 are は「複数の人やもの」に使う

1 「〜です」を表す英語は am, are, is の３つ
be 動詞の使い分け①

なぜ学ぶの？

動詞の種類は大きく分けて２つ。最初に be 動詞 am, are, is の使いかたを学ぶよ。「私は〜です」「あなたは〜です」と，自分や相手のことを説明できるようになるんだ。自己紹介もできるようになるね。

基本のルール

「〜です」は am, are, is で表す！

am, are, is を「be 動詞」という。
be 動詞は，主語によって使い分ける。

> 主語は，「〜は」「〜が」を表す部分のこと。

これが大事！

「私は〜です」は I am 〜. で表す！

主語が I（自分）のときは，am を使う。
be 動詞（am, are, is）は，前後のことばを「イコール（＝）」でつなぐ働きがある。

I am Yuki.
主語　I のときは am

（私はユキ です。）

> I = Yuki ということ。

これが大事！

「あなたは〜です」は You are 〜. で表す！

主語が You（相手）のときは，are を使う。am も are も意味は同じ。

You are from the U.S.A. （あなたはアメリカ合衆国の出身 です。）
主語　You のときは are

> You = from the U.S.A. の関係が成立するよ。

> I am は I'm, You are は You're と短く言うこともできる。

❶ 日本文に合うように，（　　）内から適する語を選び，○で囲みましょう。

(1) ぼくはジムです。

I (am / are) Jim.

(2) あなたはブラウン先生です。

You (am / are) Ms. Brown.

(3) 私はあなたの先生です。　先生：teacher

I (am / are) your teacher.

(4) きみは中国の出身だよね。　中国：China

You (am / are) from China.

❷ 日本文に合うように，□□□に適する語を1語ずつ書きましょう。

(1) 私はリサです。

□□　□□　Lisa.

(2) きみはとても背が高いね。　背が高い：tall

□□　□□　very tall.

(3) ぼくは大阪の出身です。

□□　□□　from Osaka.

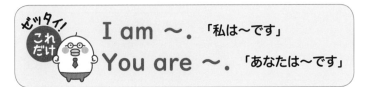

ゼッタイ！これだけ
I am ～.「私は～です」
You are ～.「あなたは～です」

どうしても解けない場合は
復習問題WebへGO！

英語のきまり
be動詞の文
一般動詞の文
canの文
命令文
品詞
いろいろな疑問文
現在進行形の文
過去の文
いろいろな表現
1年生のおさらい

2 is は「自分と相手以外の人やもの」に使う

be 動詞の使い分け②

なぜ学ぶの？

自分や相手についての表現のしかたを学んだね。今度は，I と you 以外の「1人の人」や「1つのもの」について伝える表現を学ぶよ。3つあった be 動詞（am, are, is）の is の出番だ！

これが大事！ 「私」「あなた」以外の1人の人について言うときは is を使う！

主語が I と you 以外の「1人の人」のときは，is を使う。is は，意味も働きも am・are と同じ。

Meg [is] **my classmate.** （メグは私のクラスメート です 。）
主語　　I と You 以外の1人の人のときは is

She [is] **from Canada.** （彼女はカナダの出身 です 。）
主語

Meg = my classmate
She = from Canada
の関係が成立する。

これが大事！ 1つのものについて言うときは is を使う！

主語が「1つのもの」のときは，is を使う。

This [is] **my guitar.** （これは私のギター です 。）
主語　　1つのもののときは is

Your guitar [is] **cool.** （あなたのギターはかっこいい ですね 。）
主語

is は，いろいろな主語に使える。

2人以上の人や，2つ以上のものについて，is は使えない。
続きは16ページで！

練習問題 →解答は別冊 P.2

（右端のタブ）

❶ 日本文に合うように，（　）内から適する語を選び，〇で囲みましょう。

(1) スミス先生は私たちの英語の先生です。　私たちの：our

Mr. Smith （am / is / are） our English teacher.

(2) 彼はオーストラリアの出身です。　オーストラリア：Australia

He （am / is / are） from Australia.

(3) こちらは私の友達のリョウです。　友達：friend

This （am / is / are） my friend Ryo.

❷ 日本文に合うように，□□に適する語を1語ずつ書きましょう。

(1) 私の妹は10歳です。　10歳：ten years old

My sister □□□□□ ten years old.

(2) これは私の新しい自転車です。　新しい：new　自転車：bike

□□□□□ □□□□□ my new bike.

(3) アヤは私の友達です。

Aya □□□□□ my friend.

(4) 彼女はサッカーファンです。　サッカーファン：soccer fan

□□□□□ □□□□□ a soccer fan.

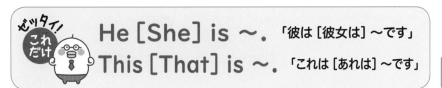

ゼッタイ！
これだけ

He [She] is 〜.　「彼は [彼女は] 〜です」
This [That] is 〜.　「これは [あれは] 〜です」

どうしても解けない場合は
復習問題WebへGO！

右タブ（縦書き）：英語のきまり　be動詞の文　一般動詞の文　canの文　命令文　品詞　いろいろな疑問文　現在進行形の文　過去の文　いろいろな表現　1年生のおさらい

15

3 are は「複数の人やもの」に使う

be 動詞の使い分け③

なぜ学ぶの？

主語が「単数」、つまり「自分」「相手」「1 人の人」「1 つのもの」について伝える文は言えるようになったね。ここでは主語が「複数」、つまり「2 人以上の人」「2 つ以上のもの」の場合の be 動詞について学ぶよ。

これが大事！ 複数の人やものについて言うときは are を使う！

主語が I「私は」（1 人）のときは am を使う。

I [am] a soccer fan.　　　（私はサッカーファンです。）
主語　I のときは am

主語が We「私たちは」（2 人以上）のときは are を使う。

We [are] soccer fans.　（私たちはサッカーファンです。）
主語
複数の人のときは are

これが大事！ 複数を表す主語

Ken and I [are] teammates.　（ケンとぼくはチームメートです。）
主語
A and B のときは are

These [are] my books.　　　（これらは私の本です。）
主語
複数のもののときは are

これらの語が主語のときは are を使うよ！

複数を表す主語

we 私たちは	you あなたたちは	
they 彼らは，彼女たちは，それらは		
these これらは	those あれらは	

英語のきまり

be動詞の文

一般動詞の文

canの文

命令文

品詞

いろいろな疑問文

現在進行形の文

過去の文

いろいろな表現

1年生のおさらい

練習問題 →解答は別冊 P.2

❶ 日本文に合うように，（　　）内から適する語を選び，〇で囲みましょう。

(1) 私たちは横浜の出身です。

We （am / are / is） from Yokohama.

(2) ブラウン先生とグリーン先生は，私たちの先生です。

Mr. Brown and Ms. Green （am / is / are） our teachers.

❷ 日本文に合うように，□□□ に適する語を1語ずつ書きましょう。

(1) 私たちは1年B組です。

　　　　　　　　　　　　　 in 1-B.

(2) リズとマコは親友です。

Liz and Mako 　　　　　 good friends.

(3) 彼らは私の両親です。　両親：parents

They 　　　　　 my parents.

(4) 彼女たちは姉妹です。　姉妹：sister(s)

　　　　　　　　　　　　　 sisters.

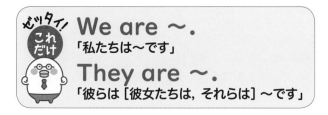

ゼッタイ！
これだけ

We are ～.
「私たちは～です」

They are ～.
「彼らは[彼女たちは，それらは]～です」

またあした～

17

4 am, are, is を使って 「〜ではありません」と否定する文
be 動詞の否定文

なぜ学ぶの？

ここまでは, be 動詞 (am, are, is) を使って「…は〜です」と伝える文を学習したね。今度は, be 動詞 (am, are, is) を使って「…は〜ではありません」と否定する表現を学ぶよ。

 「〜ではありません」は be 動詞 (am, are, is) の
あとに not を入れる!

am, are, is のあとに not を入れると否定する文 (否定文) になる。

I am   hungry.   （私はおなかがすいています。）

am のあとに not を入れる

I am not hungry.   （私はおなかがすいていません。）

We are not in 1-A.   （私たちは1年A組ではありません。）

This is not my bag. （これは私のかばんではありません。）

 be 動詞を使った短縮形

英語では, 短縮形 (2語を短くして1語にした形) をよく使う。

He isn't a teacher. = He's not a teacher.

is not の短縮形   He is の短縮形

（彼は先生ではありません。）

〈be 動詞+ not〉の短縮形	〈主語＋ be 動詞〉の短縮形
am not → なし	I am → I'm
are not → aren't	you are → you're / we are → we're / they are → they're
is not → isn't	he is → he's / she is → she's / that is → that's / it is → it's

練習問題 →解答は別冊 P.2

❶ 日本文に合うように，　　　　に適する語を1語ずつ書きましょう。

(1) ぼくはケビンではありません。

I 　　　　　　　　　　　　　Kevin.

(2) ケンタはサッカー選手ではありません。　選手：player

Kenta 　　　　　　　　　　　　　a soccer player.

(3) あれはバス停ではありません。　バス停：bus stop

That 　　　　　　　　　　　　　a bus stop.

❷ 日本文に合うように，（　　　）内の語句を並べかえて英文を作りましょう。

(1) 私たちは今，忙しくありません。　忙しい：busy

We（not / busy / are）now.

We 　　　　　　　　　　　　　　　　　now.

(2) 私は歌がうまくありません。

（not / a good singer / I'm）.　good singer：じょうずな歌い手

ありませ〜ん

ゼッタイ！これだけ 主語 ＋ am［are / is］not ～.
「（主語）は〜ではありません」

どうしても解けない場合は
復習問題Webへ GO!

5 am, are, is を使って 「〜ですか」とたずねる文

be 動詞の疑問文

なぜ学ぶの？

be 動詞 (am, are, is) を使って「…は〜です」「…は〜ではありません」という表現を学んだね。ここでは，「…は〜ですか」とたずねるとき be 動詞を使ってどう言えばいいのかを学ぶよ。たずねられたときの答え方も覚えよう。

  これが大事！ 「〜ですか」は be 動詞 (am, are, is) で文を始める！

Am, Are, Is で文を始めれば，たずねる文（疑問文）になる。

You are busy now. 　　　（あなたは今，忙しいです。）

↓ are を主語の前に置く

Are you busy now? 　　　（あなたは今，忙しいですか。）

Is this your umbrella? （これはあなたのかさですか。）

これが大事！ **Are [Is] 〜? には be 動詞を使って答える**

Are you 〜?「あなたは〜ですか」には，「私は」と自分のことを答えるから，I と am を使って答える。

Are you a high school student?

　　　　　（あなたは高校生ですか。）

— Yes, I am. / No, I'm not [I am not].

　　　　　（はい，そうです。／いいえ，ちがいます。）

Is she your friend? 　　　（彼女はあなたの友達ですか。）

— Yes, she is. / No, she isn't [is not].

Is 〜? には is を使って答える 　　（はい，そうです。／いいえ，ちがいます。）

練習問題 →解答は別冊 P.2

英語のきまり

be動詞の文

一般動詞の文

canの文

命令文

品詞

いろいろな疑問文

現在進行形の文

過去の文

いろいろな表現

1年生のおさらい

❶ 日本文に合うように，（　　）内の語句を並べかえて英文を作りましょう。文の最初にくる語は大文字で書き始めましょう。

(1) あなたはインドの出身ですか。　インド：India

（you / from / are）India?

_____ India?

(2) 彼はあなたのお兄さんですか。　兄：brother

（he / is / your brother）?

_____

❷ 日本文に合うように，　　　　に適する語を1語ずつ書きましょう。

(1) あなたはユキですか。—はい，そうです。

_____ you Yuki? – Yes, I _____ .

(2) あれは駅ですか。—はい，そうです。　駅：station

_____ that a station?

– Yes, it _____ 。 • it：それは

(3) あなたのお父さんは医者ですか。—いいえ，ちがいます。　医者：doctor

_____ your father a doctor?

– No, he _____ .

ちがうよ～

ゼッタイ！これだけ

Are [Is] ＋主語～？
「(主語) は～ですか」

どうしても解けない場合は
復習問題WebへGO!

基本の ルール　be動詞 (am, are, is) のルールをおさらいしよう！

「〜です」を表す be 動詞 (am, are, is) は,「主語によって使い分ける」がルール。どれを使うかは主語で決まるので,「主語は何か」を意識することが大切。be 動詞の使い分け, 否定文・疑問文をまとめて確認しておこう。

これが 大事！　主語が1人 [1つ](＝単数) のとき

I am from Japan.　　　　　　（私は日本の出身です。）
You are from Canada.　　　　（あなたはカナダの出身です。）
She is a pianist.　　　　　　（彼女はピアニストです。）

Kevin is my friend.　　　　（ケビンは私の友達です。）
My sister is a nurse.　　　（私の姉は看護師です。）
This is my bike.　　　　　（これは私の自転車です。）

主語が, I「私は」→ am, You「あなたは」→ are を使うんだったね。
主語が I（自分）と you（相手）以外の「1人の人」のときは, is を使うよ。「1つのもの」のときも is だよ。

これが 大事！　主語が2人 [2つ] 以上 (＝複数) のとき

We are good friends.　　　　　（私たちは親友です。）
They are teammates.　　　　　（彼らはチームメートです。）
Yuta and I are classmates.　（ユウタと私はクラスメートです。）

主語が複数（2人以上）のときはいつも are を使うよ。
主語が「2つ以上のもの」のときも are だよ。

「〜ではありません」（否定文）

I am not a soccer fan. （私はサッカーファンではありません。）
We are not busy now. （私たちは今, 忙しくありません。）
He is not a tennis player. （彼はテニス選手ではありません。）

〈be動詞＋not〉の短縮形
am not → なし
are not → aren't
is not → isn't

「〜ではありません」という否定文は, am, are, is のあとに not を置くよ。

 「〜ですか」（疑問文）

Are you in 1-C？
― Yes, I am. / No, I'm not. （はい, そうです。 / いいえ, ちがいます。）
Is Emily from the U.K.？ （エミリーはイギリスの出身ですか。）
― Yes, she is. / No, she isn't. （はい, そうです。 / いいえ, ちがいます。）

Is your father a police officer？ （あなたのお父さんは警察官ですか。）
― Yes, he is. / No, he isn't. （はい, そうです。 / いいえ, ちがいます。）

Is this your smartphone？ （これはあなたのスマートフォンですか。）
― Yes, it is. / No, it isn't. （はい, そうです。 / いいえ, ちがいます。）

「〜ですか」という疑問文は, am, are, is を主語の前に置くよ。

答えるときも, am, are, is を使うんだ。

答えの主語にも注意！
1人の女性 → she
1人の男性 → he
1つのもの → it

23

おさらい問題 1 ～ 5

1 日本文に合うように， ____ に am, are, is のいずれかを書きましょう。

(1) 私は中学生です。 中学生：junior high school student

I _____ a junior high school student.

(2) デイビッドはカナダの出身です。 カナダ：Canada

David _____ from Canada.

(3) アキとマキはチームメートです。 チームメート：teammate(s)

Aki and Maki _____ teammates.

(4) あれは図書館ではありません。 図書館：library

That _____ not a library.

2 次の文を〔 　 〕内の指示にしたがって書きかえるとき， ____ に適する語を1語ずつ書きましょう。

(1) I am a soccer fan. 〔「～ではありません」という否定文に〕

I _____ _____ a soccer fan.

soccer fan：サッカーファン

(2) He is a tennis player. 〔「～ですか」という疑問文に〕

_____ _____ a tennis player?

tennis player：テニス選手

(3) I am busy now. 〔下線部を We にかえて〕

_____ _____ busy now. busy：忙しい

バテた～

24

英語のきまり

be動詞の文

一般動詞の文

canの文

命令文

品詞

いろいろな疑問文

現在進行形の文

過去の文

いろいろな表現

1年生のおさらい

❸ 日本文に合うように，□□□ に適する語を1語ずつ書きましょう。

(1) あなたは日本の出身ですか。—はい，そうです。　日本 : Japan

□□□　you from Japan?

— Yes, □□□　□□□ .

(2) タナカ先生は音楽の先生ですか。—いいえ，ちがいます。　音楽 : music

□□□　Ms. Tanaka a music teacher?

— No, she □□□　□□□ .

(3) これはあなたの自転車ですか。—いいえ，ちがいます。　自転車 : bike

□□□　this your bike?

— No, it □□□ .　(3) 空らんの数に注意する。

❹ 日本文に合うように，（　）内の語句を並べかえて英文を作りましょう。
文の最初にくる語は大文字で書き始めましょう。

(1) 私の父はパイロットです。　パイロット : pilot

（father / is / my / a pilot）.

□□□

(2) 彼女はあなたのお姉さんですか。　姉 : sister

（she / your / is / sister）？

□□□

(3) ナオミと私は親友です。　親友 : good friend(s)

Naomi （I / good friends / are / and）.

Naomi □□□ .

6 「～します」を表す文に使う動詞
一般動詞の文

なぜ学ぶの? be 動詞 (am, are, is) を使った文はマスターしたね。今度はもう1つの動詞の使いかたを学ぶよ。動作や行動はもちろん, 好きなものや日常生活のことなども伝えることができて, 話題が広がるよ。

基本のルール 一般動詞は形がかわる!

be 動詞以外の動詞を「一般動詞」という。

主語が I (自分)・You (相手)・複数 → そのまま使う

主語が I・You 以外の「1人の人」「1つのもの」 → 形がかわる (P.32)
└──be 動詞の文で is を使うもの

これが大事! 「～は」「～します」「～を」の語順が基本!

〈主語＋動詞＋その他〉のルール!

I play tennis. (私は テニスを します。)
「私は」「します」 「テニスを」
主語 動詞 その他

We study English. (私たちは 英語を 勉強します。)
「私たちは」「勉強します」 「英語を」

これが大事! be 動詞と一般動詞はいっしょに使わない

I like math. (私は数学が 好きです。)

× I ~~am~~ like math.
be 動詞 一般動詞

> like だけで「～が好きです」という意味を表す。日本語の「です」につられて, am を入れないように注意。

練習問題 →解答は別冊 P.3

❶ 日本文に合うように，（　　）内から適する語を選び，〇で囲みましょう。

(1) 私は夏が好きです。　夏：summer

I (am / study / like) summer.

(2) 私はバイオリンをひきます。　バイオリン：violin

I (want / play / am) the violin.　want：ほしい

❷ 日本文に合うように，（　　）内の語を並べかえて英文を作りましょう。
文の最初にくる語は大文字で書き始めましょう。

(1) 彼らは放課後サッカーをします。　放課後：after school

(play / they / soccer) after school.

_____ after school.

(2) 私は音楽が大好きです。　～が大好きである：like ～ very much

(music / I / like) very much.

_____ very much.

(3) 私たちは月曜日に理科を勉強します。　月曜日に：on Monday(s)　理科：science

(study / science / we) on Mondays.

_____ on Mondays.

ゼッタイ！これだけ

I play tennis. 「私はテニスをします」

私は　します　テニスを

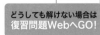

どうしても解けない場合は
復習問題WebへGO！

27

7 do を使って「〜しません」と否定する文

一般動詞の否定文

なぜ学ぶの?

「〜ではありません」という be 動詞の否定文は, am・are・is のあとに not を入れたね。一般動詞の場合は, be 動詞と同じではないんだ。「〜しません」と否定する表現を覚えよう。

これが大事! 「〜しません」は動詞の前に do not を入れる!

否定文は, be 動詞の場合は, be 動詞のあとに not を入れる (P.18)。
一般動詞は, **動詞の前に do not を入れる。**

I　　　　play soccer.　　（私はサッカーをします。）

play の前に do not を入れる

I [do not] play soccer.　　（私はサッカーをし[ません]。）
　　　　　　　一般動詞

I [do not] have any pets.
　　　　　　　一般動詞

いいなぁ…

（私はペットを飼ってい[ません]。）

これが大事! do not は don't で使うことが多い!

否定文では, 短縮形 don't をよく使う。

You [don't] like *natto*.
　　 do not の短縮形
　　　　　　　　　（あなたは納豆が好きで[はありません]。）

I [don't] know that girl.

（私はあの女の子を知り[ません]。）

知らない。

❶ 次の文を否定文に書きかえるとき，□□□ に適する語を1語ずつ書きましょう。

(1) We play baseball. （私たちは野球をします。）

We □□□ □□□ play baseball. baseball：野球

(2) I have a bike. （私は自転車を持っています。）

I □□□ □□□ have a bike. bike：自転車

(3) You like *sushi*. （あなたはすしが好きです。）

You □□□ like *sushi*.　•——（3）空らんの数に注意する。

❷ 日本文に合うように，□□□ に適する語を1語ずつ書きましょう。

(1) 私は数学が好きではありません。　数学：math

I □□□ not □□□ math.

(2) あなたはピアノをひきません。　ピアノ：piano

You do □□□ □□□ the piano.

(3) 彼らは英語を話しません。　話す：speak

They □□□ speak English.　•——（3）（4）空らんの数に注意する。

(4) 私たちは彼の名前を知りません。　彼の：his　名前：name　知っている：know

We □□□ □□□ his name.

主語＋ do not ＋一般動詞～.

「(主語) は～しません」

どうしても解けない場合は
復習問題WebへGO!

英語のきまり
be動詞の文
一般動詞の文
canの文
命令文
品詞
いろいろな疑問文
現在進行形の文
過去の文
いろいろな表現
1年生のおさらい

P.26 6 「〜します」を表す文に使う動詞

8 do を使って「あなたは〜しますか」とたずねる文

一般動詞の疑問文

なぜ学ぶの?

「あなたは〜ですか」は, be 動詞を使って Are you 〜？だったね。「あなたはテニスをしますか」「あなたは犬が好きですか」など, 一般動詞を使ったらもっといろいろなことをたずねることができるようになるよ。答え方もいっしょに学ぶよ！

これが大事! 「あなたは〜しますか」は Do you 〜？

相手のことをたずねるとき, be 動詞は Are で文を始める (P.20) が, 一般動詞は Do で文を始める。動詞はそのまま主語のあとに置く。

You play tennis. （あなたはテニスをします。）

主語の前に Do を置く

Do you play tennis⁇ （あなたはテニスを します か。）

一般動詞

Do you have any pets⁇ 一般動詞

（あなたはペットを飼ってい ます か。）

これが大事! Do you 〜？ には do を使って答える

Do you 〜？ とたずねられたら, まず Yes / No を言い, do を使って答える。

Do you like animals⁇ （あなたは動物が好き です か。）

答え方

Yes, I do. （はい, 好きです。）

do を使って答える

No, I don't. （いいえ, 好きではありません。）

do を使って答える

don't は do not の短縮形。
答えるときは, ふつう短縮形を使う。

30

 練習問題 →解答は別冊 P.3

❶ 次の文を疑問文に書きかえるとき，□□□ に適する語を1語ずつ書きましょう。

(1) **You play the guitar.** （あなたはギターをひきます。）

　　□□□ you play the guitar? guitar : ギター

(2) **You like dogs.** （あなたは犬が好きです。）

　　□□□ you □□□ dogs? dog(s) : 犬

❷ 日本文に合うように，□□□ に適する語を1語ずつ書きましょう。

(1) あなたは卓球をしますか。—はい, します。 卓球 : table tennis

　　□□□ you play table tennis?

　　— Yes, I □□□ .

(2) あなたは毎日英語を勉強しますか。—いいえ, しません。 毎日 : every day

　　□□□ □□□ study English every day?

　　— No, I □□□ .

(3) あなたはペットを飼っていますか。—はい, 飼っています。

　　□□□ □□□ □□□ any pets?

　　— Yes, □□□ .

 **Do you ＋一般動詞～?** 「あなたは～しますか」

  どうしても解けない場合は 復習問題WebへGO!

9 自分と相手以外の人が「～します」を表す文の動詞

一般動詞の文（3人称単数現在）

なぜ学ぶの? 主語が I（自分）・You（相手）以外の「1人の人」「1つのもの」のとき，一般動詞の形がかわるんだ。一般動詞の基本ルールに「形がかわる」とあったよね（26ページ）。自分や相手のことだけでなく，ほかの人がすることも言えるようになるよ。

これが大事! 主語が3人称単数 → 動詞に s をつける！

I（自分）・You（相手）以外の「1人の人」「1つのもの」のことを「3人称単数」という。

〈主語が I〉 **I** play tennis. （私はテニスをします。）
「私は」

〈主語が複数〉 Aya and Emi play tennis.
「アヤとエミは」 （アヤとエミはテニスをします。）

〈主語が3人称単数〉 Aya plays tennis. 自分と相手以外は，すべて3人称。
主語が3人称単数　動詞に s をつける

動詞に s をつけるのは，主語が3人称で単数のときだけ！ （アヤはテニスをします。）

これが大事! 3人称単数の s のつけ方を知る！

ほとんどの動詞は play → plays のように，動詞の終わりに s をつける。
次のように es をつける動詞などもある。

Kota goes to school by bike.
主語が3人称単数　動詞に es をつける （コウタは自転車で学校へ行きます。）

〈es〉をつける動詞	〈y → ies〉にする動詞	形がかわる動詞
go（行く）→ goes	study（勉強する）	
watch（見る）→ watches	→ studies	have（持っている）
wash（洗う）→ washes	try（やってみる）	→ has
teach（教える）→ teaches	→ tries	

 練習問題 →解答は別冊 P.4

英語のきまり

be動詞の文

一般動詞の文

canの文

命令文

品詞

いろいろな疑問文

現在進行形の文

過去の文

いろいろな表現

1年生のおさらい

1 日本文に合うように，□□□ に（　）内の動詞を適する形になおして書きましょう。

(1) メグは放課後バドミントンをします。　放課後 (に)：after school　バドミントン：badminton

Meg □□□ badminton after school.
（play）

(2) 私の祖母は毎日公園へ行きます。　毎日：every day　公園：park

My grandmother □□□ to the park every day.（go）

2 日本文に合うように，□□□ に適する語を右の └┄┄┘ から選び，適する形になおして書きましょう。

(1) ボブはマンガが好きです。　マンガ：comics

彼はマンガ本をたくさん持っています。

Bob □□□ comics.

He □□□ many comic books.

┌┄┄┄┄┄┄┐
have
like
study
watch
└┄┄┄┄┄┄┘

(2) 私の父はテレビで野球を見ます。　テレビで：on TV

My father □□□ baseball on TV.

(3) ケビンは週末に日本語を勉強します。　週末に：on weekends

Kevin □□□ Japanese on weekends.

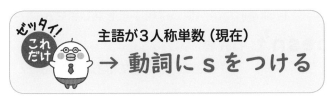

ゼッタイ！これだけ
主語が3人称単数（現在）
→ 動詞に s をつける

今日も楽しい〜

33

10 does を使って「〜しません」と否定する文

一般動詞の否定文（3人称単数現在）

 なぜ学ぶの？

一般動詞は，主語が3人称単数のとき，形がかわることはわかったね。「〜しません」と否定する文も，主語がI・You・複数のときとは違うルールがあるよ。自分，相手，友達など，だれのことでも「〜しない」という内容を話せるようになるよ。

これが大事！ 主語が3人称単数
→「〜しません」は動詞の前に does not

主語が I・You・複数のときは，do not を使ったが，主語が3人称単数のときは，does not を使う。

Ryo　　　　　　　plays soccer.（リョウはサッカーをします。）

動詞の前に does not を入れる

Ryo does not play　soccer.

動詞に s はつけない　　　（リョウはサッカーをしません。）

Ann doesn't eat fish.　　（アンは魚を食べません。）

does not の短縮形は doesn't

これが大事！ 否定文では動詞にsはつけない！

否定文では，動詞はそのままの形を使う。s をつけない，そのままの形を「動詞の原形」という。

〈〜します〉 Jim　　　　　　speaks Japanese.

s をつける（ジムは日本語を話します。）

〈〜しません〉 Jim does not speak Japanese.

そのままの形（原形）（ジムは日本語を話しません。）

 Miyu doesn't like winter.

（ミユは冬が好きではありません。）

① 日本文に合うように，☐ に適する語を1語ずつ書きましょう。

(1) 彼はすしを食べません。　食べる：eat

He ☐ ☐ eat *sushi*.

(2) 私の父は車を持っていません。　持っている：have

My father ☐ have a car.

> (2)(3) 空らんの数に注意する。

(3) エマは数学が好きではありません。　数学：math

Emma ☐ ☐ math.

② 次の文を否定文に書きかえるとき，☐ に適する語を1語ずつ書きましょう。

(1) My brother eats carrots. （私の弟はニンジンを食べます。）

My brother ☐ ☐ eat carrots.　carrot(s)：ニンジン

(2) She likes sports. （彼女はスポーツが好きです。）

She ☐ not ☐ sports.

sport(s)：スポーツ

(3) Kent plays video games. （ケントはテレビゲームをします。）

Kent ☐ ☐ video games.

video game(s)：テレビゲーム

ゼッタイ！
これ
だけ

主語（3人称単数）＋ does not ＋一般動詞～.

「(主語) は～しません」

35

11 does を使って「〜しますか」とたずねる文

一般動詞の疑問文（3人称単数現在）

 なぜ学ぶの？

一般動詞を使って「あなたは〜しますか」とたずねるときは，Do you 〜？だったね。主語が相手以外の1人の人（3人称単数）のときは，Do は使わないんだ。どうたずねたらよいか，どう答えたらよいかを学ぶよ。

これが大事！ 主語が3人称単数
→「〜しますか」は主語の前に Does

否定文と同じように，疑問文でも Do ではなく Does を使い，動詞はそのままの形（原形）を使う。

Amy play⬜s the piano.（エイミーはピアノをひきます。）

主語の前に Does を置く

Does Amy play the piano❓

そのままの形（原形）

（エイミーはピアノをひき⬜ますか。）

Does your father cook❓

（あなたのお父さんは料理をし⬜ますか。）

これが大事！ Does 〜? には does を使って答える！

Does 〜? とたずねられたら，まず Yes / No を言い，does を使って答える。

Does Becky like sports❓（ベッキーはスポーツが好き⬜ですか。）

答えの文では，he「彼は」や she「彼女は」を使う。

答え方

Yes, she does.（はい，好きです。）

does を使って答える

No, she doesn't.（いいえ，好きではありません。）

does を使って答える

doesn't は does not の短縮形。
答えるときは，ふつう短縮形を使う。

 練習問題 →解答は別冊 P.4

❶ 次の文を疑問文に書きかえるとき，□□□ に適する語を1語ずつ書きましょう。

(1) Mr. Brown speaks Japanese.

（ブラウン先生は日本語を話します。）

□□□ Mr. Brown speak Japanese? speak：話す

(2) Kevin likes J-pop. （ケビンはJポップが好きです。）

□□□ Kevin □□□ J-pop?

❷ 日本文に合うように，□□□ に適する語を1語ずつ書きましょう。

(1) トムはすしを食べますか。―はい，食べます。 食べる：eat

□□□ Tom eat *sushi*? – Yes, he □□□ .

(2) ナナはスケートをしますか。―いいえ，しません。 スケートをする：skate

□□□ Nana skate? – No, she □□□ .

(3) あなたのお父さんは料理をしますか。 料理をする：cook

―はい，します。彼は週末に料理をします。 週末に：on weekends

□□□ your father □□□ ?

– Yes, □□□ .
He cooks on weekends.

ゼッタイ！
これだけ

Does ＋主語（3人称単数）＋一般動詞～?

「（主語）は～しますか」

英語のきまり

be動詞の文

一般動詞の文

canの文

命令文

品詞

いろいろな疑問文

現在進行形の文

過去の文

いろいろな表現

1年生のおさらい

一般動詞の文のまとめ

基本のルール

一般動詞は形がかわるというルールをおさらいしよう！

play, like など, be 動詞 (am, are, is) 以外はすべて一般動詞。一般動詞は主語が3人称単数のとき形がかわる。「3人称単数」は, I（自分）・You（相手）以外の「1人の人」「1つのもの」のこと。英語では「主語は何か」を意識することが大切。

これが大事！

主語が I, You, 複数のとき

I [play] baseball.　　　　　　　　（私は**野球**[をします]。）
You [play] soccer.　　　　　　　　（あなたは**サッカー**[をします]。）
We [study] English.　　　　　　　　（私たちは**英語**[を勉強します]。）
Yuka and Miki [like] dogs.　　　（ユカとミキは**犬**[が好きです]。）

主語が, I「私は」, You「あなたは」, 複数のときは, 動詞をそのまま使う。A and B「A と B」は複数ということに注意しよう。

これが大事！

主語が3人称単数のとき

She [loves] cats.　　　　　　　　（彼女は**ネコ**[が大好きです]。）
Mr. Tani [teaches] math.　　　　（タニ先生は**数学**[を教えます]。）
John [has] a guitar.　　　　　　　（ジョンは**ギター**[を持っています]。）

〈es〉をつける動詞
go（行く）→ goes
watch（見る）→ watches
wash（洗う）→ washes
teach（教える）→ teaches

形がかわる動詞
have（持っている）→ has

〈y → ies〉にする動詞
study（勉強する）→ studies
try（やってみる）→ tries

主語が3人称単数のときは, 動詞に s をつける。es をつける動詞や, 形がかわる動詞などを, もう一度確認しておこう！

38

これが大事! 「～しません」（否定文）

I do not like *soba*.　（私はそばが好きではありません。）
They don't speak Japanese.　（彼らは日本語を話しません。）
He does not watch TV.　（彼はテレビを見ません。）
My father doesn't cook.　（私の父は料理をしません。）

「～しません」という否定文は，主語が3人称単数なら doesn't [does not]，それ以外なら don't [do not] を動詞の前に置くよ。

主語に関係なく，否定文と疑問文では動詞はそのままの形（原形）を使う。

 これが大事! 「～しますか」（疑問文）

Do you play the piano?　（あなたはピアノをひきますか。）
 — Yes, I do.　（はい，ひきます。）
　No, I don't.　（いいえ，ひきません。）
Does David eat *sushi*?　（デイビッドはすしを食べますか。）
 — Yes, he does.　（はい，食べます。）
　No, he doesn't.　（いいえ，食べません。）

「～しますか」という疑問文は，主語が3人称単数なら Does，それ以外なら Do を主語の前に置くよ。

Do ～? には do を，
Does ～? には does を
使って答えるんだったね！

おさらい問題 6～11

① 日本文に合うように、 □□□ に適する語を下の ┊┈┈┈┊ から選んで書きましょう。(3)～(6)は適する形になおして書きましょう。

(1) 私はテレビですもうを見ます。　テレビで：on TV

I _____ *sumo* on TV.

(2) ケンとジュンは放課後バスケットボールをします。　放課後：after school

Ken and Jun _____ basketball after school.

(3) 私の父は英語の本をたくさん持っています。　たくさんの～：a lot of ～

My father _____ a lot of English books.

(4) ショウタはバスで学校へ行きます。　バスで：by bus

Shota _____ to school by bus.

(5) サヤカはたこ焼きが大好きです。　～が大好きである：like ～ very much

Sayaka _____ *takoyaki* very much.

(6) 私の姉は毎日フランス語を勉強します。　毎日：every day　フランス語：French

My sister _____ French every day.

┌─────────────────────────┐
│　go　　　have　　　like　│
│　play　　study　　watch　│
└─────────────────────────┘

今日もよろしく～

40

2 日本文に合うように，□□□ に適する語を1語ずつ書きましょう。

(1) あなたは和食が好きですか。—はい，好きです。　和食：Japanese food

　□□□□ you like Japanese food?

　— □□□□ , I □□□□ .

(2) エマは日本語を話しますか。—いいえ，話しません。　話す：speak

　□□□□ Emma speak Japanese?

　— No, she □□□□ .

3 日本文に合うように，（　）内の語句を並べかえて英文を作りましょう。
文の最初にくる語は大文字で書き始めましょう。

(1) 私はコンピュータを持っていません。　コンピュータ：computer

（a computer / I / have / don't）.

(2) 私の母はスポーツが好きではありません。

（doesn't / my mother / sports / like）.

(3) ビルはピアノをひきますか。

（Bill / play / does / the piano）?

(4) あなたたちは毎年，ハワイに行くのですか。　毎年：every year　ハワイ：Hawaii

（to / go / you / do）Hawaii every year?

　　　　　　　　　　　　　　Hawaii every year?

12 「〜できます」を表す can
助動詞 can

なぜ学ぶの?

ここでは,「英語が話せる」「ピアノがひける」のように,「何かをすることができる」を表す言い方を覚えるよ。自分ができることを英語で言えるようになるよ!

基本の ルール **助動詞は動詞とセットで使う**

「(〜する) ことができる」のように,「〜する」(動詞) に意味を加える語を「助動詞」という。助動詞のあとには,必ず動詞が必要。

これが 大事! **「〜することができます」は〈can +動詞〉で表す!**

can のあとに「できること」を表す動詞を続ける。

I can speak English.

can +動詞

（私は英語を話す ことができます 。)

これが 大事! **主語がだれでも〈can +動詞〉で表す!**

Kei　　　plays the piano.（ケイはピアノをひきます。)

主語 　　play に s がつく

└─ 自分 (I) や相手 (You) 以外の1人の人

「〜します」の文は動詞の形がかわったね。

Kei can play the piano.

can にも play にも s はつかない

（ケイはピアノをひく ことができます 。)

can の文は主語がだれでも同じ形!

練習問題 →解答は別冊 P.5

❶ 日本文に合うように，_____ に適する語を1語ずつ書きましょう。

(1) 私は日本語を話すことができます。 日本語：Japanese

I _____ _____ Japanese.

(2) ソウタはギターをひくことができます。 ギター：guitar

Sota _____ _____ the guitar.

❷ 日本文に合うように，（　　）内の語句を並べかえて英文を作りましょう。

(1) 私はテニスをすることができます。 テニス：tennis

I (tennis / play / can).

I _____ .

(2) ユイは上手に歌うことができます。 上手に：well　歌う：sing

Yui (sing / can / well).

Yui _____ .

(3) 私の弟は一輪車に乗ることができます。 一輪車：unicycle　乗る：ride

My brother (can / a unicycle / ride).

My brother _____ .

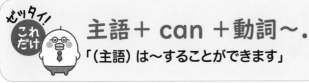

主語 ＋ can ＋動詞〜.

「(主語) は〜することができます」

どうしても解けない場合は
復習問題WebへGO!

13 can を使って「〜できません」「〜できますか」を表す文

can の否定文と疑問文

P.42 12 「〜できます」を表す can

なぜ学ぶの?

「できる」ことや「できない」ことを表せるようになると，表現できることが増えるよね。ここでは「〜することができません」と否定する言い方を学ぶよ。「〜することができますか」とたずねる表現もいっしょに覚えよう。

これが大事! 「〜することができません」は〈cannot [can't] ＋動詞〉で表す！

「〜できない」は can のあとに not を入れる。can not はふつう1語で cannot と表す。can't は cannot の短縮形。

My brother [can] swim. （私の弟は泳ぐ[ことができます]。）

My brother [cannot] swim. （私の弟は泳ぐ[ことができません]。）
　　　　　　cannot [can't] ＋動詞

これが大事! 「〜することができますか」は Can で文を始める！

Can 〜? でたずねられたら，can を使って答える。

Meg [can] read Japanese.
　　　can を主語の前に置く　　　（メグは日本語を読む[ことができます]。）

[Can] Meg read Japanese[?]
　Can ＋主語＋動詞　　　　　（メグは日本語を読む[ことができますか]。）

答え方
Yes, she can. （はい，できます。）
No, she can't [cannot]. （いいえ，できません。）

44

練習問題 →解答は別冊 P.5

1 日本文に合うように、 ____ に適する語を1語ずつ書きましょう。

(1) 私は速く泳ぐことができません。　速く：fast

I ____ ____ fast.

(2) あなたは中国語を読むことができますか。　中国語：Chinese

—はい、できます。/ いいえ、できません。

____ you ____ Chinese?

— Yes, I ____ . / No, I ____ .

2 日本文に合うように、（　　）内の語句を並べかえて英文を作りましょう。
文の最初にくる語は大文字で書き始めましょう。

(1) 私のおじいちゃんはコンピュータを使うことができません。　使う：use

My grandpa （a computer / use / can't）.

My grandpa ____ .

(2) ジムは将棋をさすことができるのですか。　将棋をさす：play *shogi*

（play / Jim / can） *shogi*?

____ *shogi*?

むり〜っ

ゼッタイ! これだけ **主語 ＋ cannot ＋動詞〜.**
「（主語）は〜することができません」

Can ＋主語＋動詞〜?
「（主語）は〜することができますか」

どうしても解けない場合は
復習問題WebへGO!

英語のきまり
be動詞の文
一般動詞の文
canの文
命令文
品　詞
いろいろな疑問文
現在進行形の文
過去の文
いろいろな表現
1年生のおさらい

14 can を使って「～してくれますか」「～してもいいですか」を表す文
can を使った表現

なぜ学ぶの?

can は「できること」や「できないこと」を伝えるだけでなく, 相手にお願いしたり, 許可を求めたりするときにも使うんだ。会話でよく使う表現だよ。

これが大事! お願いするときは Can you ～? を使う!

Can you のあとに, 相手にしてもらいたいことを表す動詞を続ける。

Can you help me ?　（私を手伝っ てくれますか。）
〈Can you ＋動詞〉

答え方
Sure. / OK. / All right.　（いいですよ。）
Sorry. I'm busy now.　（ごめん。今忙しい。）

答え方も覚えておこう。断るときは,「理由」も添えるといいよね。

これが大事! 許可を求めるときは Can I ～? を使う!

Can I のあとに, 許可してもらいたいことを表す動詞を続ける。

Can I sit here ?　（ここに座っ てもいいですか。）
〈Can I ＋動詞〉

答え方
Sure. / OK. / All right.　（いいですよ。）
Sorry, you can't.　（悪いけど, だめです。）

練習問題 →解答は別冊 P.5

① 日本文に合うように，□□□ に適する語を1語ずつ書きましょう。

(1) 窓を開けてくれますか。 窓：window　開ける：open

Can ＿＿＿＿＿＿ open the window?

(2) このいすを使ってもいいですか。 いす：chair　使う：use

Can ＿＿＿＿＿ use this chair?

② 日本文に合うように，（　　）内の語句を並べかえて英文を作りましょう。
文の最初にくる語は大文字で書き始めましょう。

(1) 7時に電話してくれますか。 7時に：at seven　電話をかける：call

（you / can / call）me at seven?

＿＿＿＿＿＿＿＿＿＿＿＿ me at seven?

(2) このプリンを食べてもいいですか。 プリン：pudding

（eat / I / this pudding / can）?

＿＿＿＿＿＿＿＿＿＿＿＿＿＿＿

(3) 宿題を手伝ってくれますか。 宿題：homework

（help / you / can / me）with my homework?

＿＿＿＿＿＿＿＿＿＿＿＿ with my homework?

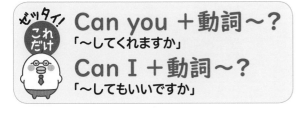

ゼッタイ！ これだけ
Can you ＋動詞～？
「～してくれますか」
Can I ＋動詞～？
「～してもいいですか」

おねがい
しま～す！

英語のきまり
be動詞の文
一般動詞の文
canの文
命令文
品詞
いろいろな疑問文
現在進行形の文
過去の文
いろいろな表現
1年生のおさらい

基本のルール

助動詞は動詞とセットで使う！

can は、「～することができる」という意味で、動詞に意味を加える語（助動詞）。だから、必ず動詞といっしょに使うというルールがある。can は、主語がだれであっても can という形のままということもポイント。

これが大事！

「～することができます」を表す can！

I can play the flute. （私はフルート をふくことができます 。）
You can dance well. （あなたは上手に 踊ることができます 。）
My mother can speak English. （私の母は英語 を話すことができます 。）

「～することができる」は〈can＋動詞〉で表すんだったね。主語が3人称単数（自分と相手以外の1人の人）のときも、can と動詞はどちらも形はかわらないよ。

これが大事！

「～することができません」を表す cannot [can't]！

I cannot eat natto. （私は納豆 を食べることができません 。）
My sister can't ride a bike. （私の妹は自転車 に乗ることができません 。）
We can't see stars tonight. （今夜は星 を見ることができません 。）

「～することができない」は〈cannot＋動詞〉。can't は cannot の短縮形だよ。

can には、①能力があるので「できる」という意味と、②条件や状況などから「できる、可能だ」という意味がある。「星を見ることができない」のは、天気などの状況から「不可能だ」という意味を表している。

これが大事! 「～することができますか」を表す Can ～?

Can you skate ? （あなたはスケートをすることができますか。）
- Yes, I can. （はい, できます。）
  No, I can't. （いいえ, できません。）

Can Mark read *kanji* ? （マークは漢字を読むことができますか。）
- Yes, he can. （はい, できます。）
  No, he can't. （いいえ, できません。）

「～することができますか」は〈Can ＋主語＋動詞～ ?〉で表すよ。

Can ～ ? には can を使って答えるよ。

これが大事! お願いする表現・許可を求める表現

Can you wash the dishes ? （お皿を洗ってもらえる?）
- Sorry. I have a lot of homework. （悪いけど。宿題がたくさんあるんだ。）

Can I borrow this book ? （この本を借りてもいいですか。）
- Sure. （いいですよ。）

「～してくれますか」と相手にお願いするときは〈Can you ＋動詞～ ?〉だよ。

「～してもいいですか」と許可を求めるときは〈Can I ＋動詞～ ?〉で表すよ。

49

15 「〜しなさい」「〜してください」を表す文

命令文①

 なぜ学ぶの？
英語には「必ず主語が必要！」というルールがあったね。でも，「〜しなさい」「〜して」と人に指示したり，「〜してください」とお願いしたりするときはそのルールはあてはまらないんだ。会話でよく使う表現なので確認しよう！

これが大事！ 「〜しなさい」は動詞で文を始める！

「〜しなさい」の文を「命令文」という。命令文は動詞で文を始める。主語は省略する。

Close the door. （ドアを閉めなさい。）

Look at this photo, Emi. （エミ, この写真を見て。）

これが大事！ 「〜してください」は please をつける！

please は，文の最初か最後につける。文の最後につけるときはコンマ (,) で区切る。

Please help me. （私を手伝ってください。）

= Help me, please.

— Sure. / OK. / All right. （いいですよ。）

> please は，ていねいに指示したり，お願いしたりするときに使うよ。

これが大事！ Be で始める命令文

動作や行動ではなく，状態を指示するときは Be 〜. を使う。be は be 動詞 (am, are, is) のもとの形 (原形) で，「〜でありなさい，〜になりなさい」を表す。

Be quiet. （静かにしなさい。）

「静かな」という状態を表す

Be careful. （気をつけて。）

「慎重な」という状態を表す

50

練習問題 ➡解答は別冊 P.6

英語のきまり

be動詞の文

一般動詞の文

canの文

命令文

品詞

いろいろな疑問文

現在進行形の文

過去の文

いろいろな表現

1年生のおさらい

❶ （　　）内から適する語を選び，〇で囲みましょう。

⑴ （Look / Be） at that red car. that red car：あの赤い車

⑵ Please （write / be） your name here. write：書く

⑶ （Please / Be） careful. careful：慎重な，注意深い

❷ 日本文に合うように，　　　　に適する語を下の　　　から選んで書きましょう。文の最初にくる語は大文字で書き始めましょう。

⑴ ケンタ，手を洗いなさい。　手：hand(s)

Kenta, ＿＿＿＿＿ your hands.•

> 「ケンタ，〜しなさい」のように，相手の名前を呼びかけるときは，名前をコンマ (,) で区切る。

⑵ 窓を閉めてください，ヨウコ。　窓：window

＿＿＿＿＿ close the window, Yoko.

⑶ 静かにしてください。

＿＿＿＿＿ ＿＿＿＿＿, please.

⑷ ちょっとここで待っていてください。　ちょっと (の間)：for a minute

Please ＿＿＿＿＿ here for a minute.

```
please    be      quiet
wait      wash    you
```

動詞または Be で始める文
「〜しなさい」

どうしても解けない場合は
復習問題WebへGO!

16 「〜してはいけません」「〜しましょう」を表す文

命令文②

P.26 6, P.50 15

なぜ学ぶの？

「〜しなさい」と指示する文は習ったね。今度は英語で「〜してはいけません」を表す文を学ぶよ。この文も主語はいらないんだ。「〜しましょう」と相手を誘う文もいっしょに覚えよう。

これが大事！ 「〜してはいけません」は Don't 〜．

Don't take pictures here.

Don't ＋動詞

（ここで写真をとってはいけません。）

お願いしたり，ていねいに言ったりするときは please を文の最初か最後につける。

Please don't cry anymore.

（お願いだから，もう泣かないで。）

Be で始まる命令文も，前に Don't を置くと「〜してはいけません」の意味になる。

Don't be late.

Don't ＋ be 動詞

（遅刻しないように。）

— All right. / OK.

（わかりました。）

これが大事！ 「〜しましょう」は Let's 〜．

Let's play tennis tomorrow. （明日テニスをしましょう。）

Let's ＋動詞

誘われたときの，答え方も覚えよう。

答え方

Yes, let's. （はい，そうしましょう。）

Sure. / OK. / All right. （いいですよ。）

No, let's not. （いや，よしましょう。）

英語のきまり

be動詞の文

一般動詞の文

canの文

命令文

品詞

いろいろな疑問文

現在進行形の文

過去の文

いろいろな表現

1年生のおさらい

練習問題 →解答は別冊 P.6

❶ 日本文に合うように，（　　）内から適するものを選び，○で囲みましょう。

(1) ここで走ってはいけません。　走る：run

（Don't / Be / Not）run here.

(2) 怖がらないで。　怖がって，恐れて：afraid

（Please be / Don't / Don't be）afraid.

(3) 公園へ行きましょう。　公園：park

（Let's go / Go / Please go）to the park.

❷ 日本文に合うように，□に適する語を1語ずつ書きましょう。

(1) 心配しないで。　心配する：worry

　　　　　　worry.

(2) ここでランチを食べましょう。　ランチを食べる：have [eat] lunch

　　　　　　　　　　　　lunch here.

(3) 今，テレビゲームをしてはいけません。　テレビゲームをする：play video games

　　　　　　　　　　　　video games now.

えっ!?
だめなの?

Don't ＋動詞〜.「〜してはいけません」
Let's ＋動詞〜.「〜しましょう」

どうしても解けない場合は
復習問題WebへGO!

➡解答は別冊 P.6

おさらい問題 12 ～ 16

① 日本文に合うように，□□□に適する語を1語ずつ書きましょう。

(1) 私はバイオリンをひくことができます。　バイオリン：violin

I □□□ □□□ the violin.

(2) ナナは上手に歌うことができます。　上手に：well　歌う：sing

Nana □□□ □□□ well.

(3) あなたはカレーが作れますか。—はい，作れます。　カレー：curry

□□□ you □□□ curry?

— Yes, □□□ □□□ .

(4) 私の弟はニンジンが食べられません。　ニンジン：carrot(s)

My brother □□□ □□□ carrots.

(5) このウェブサイトを見て。　ウェブサイト：website

□□□ at this website.

(6) 気をつけて！　それにさわってはいけません。　さわる：touch

□□□ careful! □□□ touch it.

(7) このコンピュータを使ってもいいですか。—いいですよ。　コンピュータ：computer

□□□ I □□□ this computer?

— Sure.

54

❷ 日本文に合うように，（　　）内から適するもの選び，○で囲みましょう。

(1) ここで待っていてくれますか。　待つ：wait

（Can I / Can you / Are you）wait here?

(2) 私の父は料理をすることができません。

My father（can't / don't / isn't）cook.

(3) テレビゲームをしてもいいですか。　テレビゲーム：video game

（Can I / Can you / Do you）play a video game?

(4) だれにでも親切にしなさい。　親切な：kind

（Be / Do / Please）kind to everyone.

❸ 日本文に合うように，（　　）内の語句を並べかえて英文を作りましょう。
文の最初にくる語は大文字で書き始めましょう。

(1) 私といっしょに来てくれますか。　私といっしょに：with me

（you / can / come）with me?

_____ with me?

(2) マサト，今すぐ部屋をそうじしなさい。　今すぐ：right now

Masato,（room / your / clean）right now.
Masato, _____ right now.

(3) いっしょに図書館で勉強しましょう。　いっしょに：together

（study / the library / let's / in）together.

_____ together.

英語のきまり
be動詞の文
一般動詞の文
canの文
命令文
品詞
いろいろな疑問文
現在進行形の文
過去の文
いろいろな表現
1年生のおさらい

「私の」「あなたの」 などを表す語

人称代名詞①

なぜ学ぶの?

主語になる「私は」は I，「あなたは」は you だね。ここでは，「私のかさ」と持ち主を表したり，「あなたの友達」と関係を表したりすることができるようになるよ。

これが大事! 「〜の」を表す語のあとには名詞を続ける!

「〜の 名詞」を英語で表す場合には，「〜の」を表す語を名詞の前に置く。

This is my umbrella. （これは私のかさです。）

「私の」＋「かさ」
名詞

Is that your friend? （あちらはあなたの友達ですか。）

「あなたの」＋「友達」
名詞

「〜の」を表す語がつく名詞には，a [an] や the などはつけない。

「〜の」を表す語
my 私の	our 私たちの
your あなたの	your あなたたちの
his 彼の	their 彼らの
her 彼女の	their 彼女たちの

これが大事! 「だれだれ [なになに] の」は〈名前＋'s〉で表す!

Kei's bike is cool. （ケイの自転車はかっこいいです。）

「ケイの」「母の」などは，〈's〉をつけて表すよ。

That is my mother's bike.

（あれは私の母の自転車です。）

英語のきまり
be動詞の文
一般動詞の文
canの文
命令文
品詞
いろいろな疑問文
現在進行形の文
過去の文
いろいろな表現
1年生のおさらい

練習問題 →解答は別冊 P.7

❶ 日本文に合うように， ___ に適する語を1語ずつ書きましょう。

(1) これは私のかばんではありません。 かばん：bag

This is not ___ bag.

(2) あちらはあなたのお父さんですか。 お父さん：father

Is that ___ father?

(3) あれは私の兄の車です。 兄：brother

That is my ___ car.

(4) 私は彼の歌が好きです。 歌：song(s)

I like ___ songs.

❷ 日本文に合うように，（　　）内の語句を並べかえて英文を作りましょう。
文の最初にくる語は大文字で書き始めましょう。

(1) あれは私たちの学校です。 学校：school

(school / that / our / is).

___

(2) 彼女のお母さんは獣医です。 お母さん：mother　獣医：vet

(mother / a vet / her / is).

___

ゼッタイ！
これだけ

my「私の」 your「あなた（たち）の」
his「彼の」 her「彼女の」
our「私たちの」 their「彼ら〔彼女たち〕の」

どうしても解けない場合は
復習問題WebへGO!

18 「私を」「あなたを」などを表す語

人称代名詞②

なぜ学ぶの？

I「私は」は主語のときに使う形だね。「私を手伝ってください」のように，「私を」と言うとき，I は使わないよ。「～を」にあたる語は，英語では動詞のあとにくるんだったね。ここでは，I や you が動詞のあとにくるときの形を学ぶよ。

これが大事！ 動詞のあとは「～を」の形を使う！

主語以外で，I, you, he, she, we, they を使う場合は「～を」の形を使う。

Please help me. (私を手伝ってください。)

「手伝う」 「私を」
動詞

> 英語では，「～を」にあたる語は動詞のあとに置く。

I see him every morning. (私は毎朝彼を見かけます。)

「見かける」 「彼を」
動詞

「～を」を表す語

I → me　私を	we → us　私たちを
you → you　あなたを	you → you　あなたたちを
he → him　彼を	they → them　彼らを
she → her　彼女を	they → them　彼女たちを

これが大事！ with, for などのあとにも「～を」の形を使う！

I often play tennis with them.

(私はよく彼らとテニスをします。)

Is that a present for her?

(それは彼女へのプレゼントですか。)

練習問題 →解答は別冊 P.7

❶ 日本文に合うように，□□□に適する語を下の⌐‐‐‐¬から選んで書きましょう。

(1) ぼくはニコラスです。ぼくをニックと呼んでください。

I'm Nicholas. Please call _____ Nick.

(2) あなたは彼を覚えていますか。 覚えている：remember

Do you remember _____ ?

(3) 私たちといっしょに来てくれますか。 〜といっしょに：with 〜

Can you come with _____ ?

(4) 私たちはあなたを手伝うことができます。 手伝う：help

We can help _____ .

> him　me　you　us

❷ 日本文に合うように，（　）内の語を並べかえて英文を作りましょう。

(1) 私は彼らを知りません。 知っている：know

(know / I / them / don't).

_____

(2) 私はよく彼女と買い物に行きます。 よく：often　買い物に行く：go shopping

I often (shopping / her / go / with).

I often _____ .

ゼッタイ！これだけ me「私を」　you「あなた（たち）を」　him「彼を」
her「彼女を」　us「私たちを」　them「彼ら［彼女たち］を」

「私を」「私の」などを表す語のまとめ

これが
大事！ 「私」を表す2つの形

〈主語〉　　 I like cats.　　　　　　　　（私はネコが好きです。）
〈主語以外〉 Can you help me?　　　　　（私を手伝ってくれますか。）
〈主語以外〉 Come with me.　　　　　　（私といっしょに来て。）

「私」には，2つの形があるんだね！

①主語として使うときは I, ②主語以外のときは me を使う。
同じように，「彼」「彼女」などを表すことばにもそれぞれ2つの形がある。

これが
大事！ 「私の」を表す2つの形

This is my racket.　　　　　（これは私のラケットです。）
This racket is mine.　　　　（このラケットは私の（もの）です。）
Is that Miki's bike?　　　　（あれはミキの自転車ですか。）
Is that bike Miki's?　　　　（あの自転車はミキの（もの）ですか。）

「ミキの」のように名前で言うときは，
名前に〈's〉をつけて表すよ。

「私の」を表すときも2つの形がある。
①名詞につけて使うときは my,
②名詞をつけないときは mine を使う。

英語のきまり

be動詞の文

一般動詞の文

canの文

命令文

品詞

いろいろな疑問文

現在進行形の文

過去の文

いろいろな表現

1年生のおさらい

まとめて確認しよう!

主語として使う「〜は」の形, 主語以外のときに使う「〜を」の形。
「〜の」「〜のもの」を表す形。

単数 (1人・1つ) のとき

	「〜は」	「〜を」	「〜の」	「〜のもの」
私	I	me	my	mine
あなた	you	you	your	yours
彼	he	him	his	his
彼女	she	her	her	hers
それ	it	it	its	———

これらの「〜を」の形は,
日本語では「を」とならないことも多いよ!

We love her.（私たちは彼女が大好きです。）
Call me later.（あとで私に電話して。）
I practice soccer with him.（私は彼とサッカーを練習します。）

複数 (2人・2つ以上) のとき

	「〜は」	「〜を」	「〜の」	「〜のもの」
私たち	we	us	our	ours
あなたたち	you	you	your	yours
彼ら / 彼女たち / それら	they	them	their	theirs

19 「もの」や「人」を表す語の形
名詞の単数形と複数形

なぜ学ぶの?

日本語では,「1ぴきのネコ」でも「2ひきのネコ」でも「ネコ」(名詞=ものや人を表す語)の形はかわらないけれど,英語では「1ぴき」のときと「2ひき」のときとで名詞の形がかわるんだ。英語ならではの名詞の形を学ぼう。

基本のルール | **もの・人が2つ [2人] 以上のときに,名詞の形がかわる!**

もの・人が単数(1つ [1人])のとき ➡ そのまま使う
もの・人が複数(2つ [2人] 以上)のとき ➡ 形がかわる

これが大事! 「1つ [1人]」のときは,名詞の前に a をつける!

英語ではふつう,単数か複数かをはっきり表す。a と an は「1つの,1人の」という意味。

I have [a] [cat].
「1ぴきの」
(私は[ネコ]を[1ぴき]飼っています。)

> 日本語の「アイウエオ」に似た音(母音)で始まる名詞には an をつける。

I have [an] [apple] here.
「1個の」
(私はここに[リンゴ]を[1個]持っています。)

これが大事! 「2つ [2人] 以上」のときは,名詞に s をつける!

ほとんどの名詞は cat ➡ cats のように,名詞の終わりに s をつける。
「2つ [2人] 以上」を表す,この名詞の形を複数形という。

I have [three] [cats]. ─[名詞にsをつける] (私は[ネコ]を[3びき]飼っています。)
「3びきの」

〈es〉をつける名詞	〈y → ies〉にする名詞	形がかわる名詞
box (箱) → boxes	city (都市) → cities	man (男性) → men
class (授業) → classes	country (国) → countries	woman (女性) → women
dish (皿) → dishes	library (図書館) → libraries	child (子ども) → children

英語のきまり

be動詞の文

一般動詞の文

canの文

命令文

品詞

いろいろな疑問文

現在進行形の文

過去の文

いろいろな表現

1年生のおさらい

練習問題 →解答は別冊 P.7

❶ 日本文に合うように，＿＿＿＿に適する語を１語ずつ書きましょう。

(1) これはボールではありません。卵です。 ボール：ball 卵：egg

This is not ＿＿＿＿＿ ball.

It's ＿＿＿＿＿ egg.

(2) 私には姉が１人と弟が２人います。 姉：sister 弟：brother

I have ＿＿＿＿＿ sister and two ＿＿＿＿＿.

(3) ハンバーガーを４つください。 ハンバーガー：hamburger

Four ＿＿＿＿＿, please.

❷ 次の＿＿＿＿に，（ ）内の名詞を適する形になおして書きましょう。

(1) ten ＿＿＿＿＿ (book) ten：10（の） book：本

(2) three ＿＿＿＿＿ (box) three：3（の） box：箱

(3) two ＿＿＿＿＿ (library) two：2（の） library：図書館

(4) many ＿＿＿＿＿ (country) many：たくさんの country：国

(5) a lot of ＿＿＿＿＿ (child) a lot of：たくさんの child：子ども

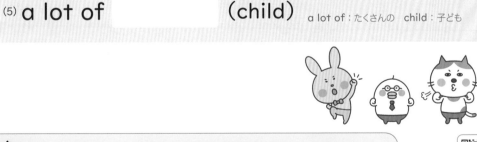

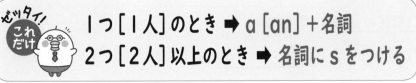
１つ［１人］のとき ➡ a［an］＋名詞
２つ［２人］以上のとき ➡ 名詞に s をつける

どうしても解けない場合は
復習問題WebへGO!

20 「もの」や「人」を くわしく説明する語

形容詞

なぜ学ぶの?

「大きな犬」「新しい先生」のように，ものや人をくわしく説明することばを学ぶよ。
ただ「犬を飼っている」ではなく「どんな犬を飼っているのか」という情報を英語
で伝えることができるようになるんだ。

これが大事! 形容詞は名詞の前に置く！

ものや人をくわしく説明することばを「形容詞」という。
形容詞は，名詞のすぐ前に置く。

I have a [big] dog.　　（ぼくは[大型]犬を飼っています。）

　　　　　　「大きな」　「犬」
　　　　　　 形容詞　　 名詞

> a「1ぴきの」や our「私たちの」は形容詞の前に置く。

Ms. West is our [new] teacher.

（ウエスト先生は私たちの[新しい]先生です。）

これが大事! 主語を説明するときは
be 動詞（am, are, is）のあとに置く！

be 動詞には，前後のことばをイコールでつなぐ働きがあるので，主語と形容詞
がイコール（＝）の関係にある。

> We = busy
> His racket = new

We are [busy].（私たちは[忙しい]です。）

　主語　　　　　　　形容詞 ── 主語のようす・状態を説明

His racket is [new].

（彼のラケットは[新しい]です。）

練習問題 →解答は別冊 P.7

① 日本文に合うように、 ▢ に適する語を右の ▢ から選んで書きましょう。

(1) 私は新しい自転車がほしいです。　ほしい：want

I want a ▢ bike.

(2) この問題は簡単です。　問題：question

This question is ▢ .

(3) 私の母は毎日忙しいです。　毎日：every day

My mother is ▢ every day.

(4) 彼は有名なミュージシャンですか。　ミュージシャン：musician

Is he a ▢ musician?

> busy
> easy
> famous
> new

② 日本文に合うように、（　　）内の語句を並べかえて英文を作りましょう。文の最初にくる語は大文字で書き始めましょう。

(1) マコは親切な女の子です。　親切な：kind

Mako （girl / kind / is / a）.

Mako ▢ .

(2) このゲームはおもしろくないです。　おもしろい：interesting

（not / this game / interesting / is）.

▢ .

ゼッタイ！これだけ　**形容詞** → 名詞に説明を加える

どうしても解けない場合は
復習問題WebへGO!

英語のきまり
be動詞の文
一般動詞の文
canの文
命令文
品詞
いろいろな疑問文
現在進行形の文
過去の文
いろいろな表現
1年生のおさらい

65

21 「～する」を くわしく説明する語
副詞

 なぜ学ぶの？

ここでは，「上手に歌う」のように，動詞をくわしく説明することばを学ぶよ。「どんなふうに」するのか，「どのくらいよく」するのかなどの情報を英語で伝えることができるようになるんだ。

 これが大事！ 副詞は文の最後に置く！

「いつ」「どこで」「どんなふうに」など，動詞をくわしく説明することばを「副詞」という。副詞はふつう文の最後に置く。

David sings well. （デイビッドは 上手に 歌います。）

「歌う」 動詞 　　「上手に」 副詞

I walk my dog every day. （私は 毎日 犬の散歩をします。）

「毎日」 ▸ 2語ひとまとまりで動詞に説明を加える。

I like this song very much. （私はこの歌が 大 好きです。）

「とても」 ▸ 2語ひとまとまりで動詞に説明を加える。

これが大事！ 一般動詞の前に置く副詞に注意！

Yuki often goes to the library. （ユキは よく 図書館へ行きます。）

「よく」 副詞 　「行く」 動詞

I usually walk to school.

（私は たいてい 学校へ歩いて行きます。）

一般動詞の前に置く副詞	
always	いつも
usually	たいてい，ふつうは
often	よく，たびたび
sometimes	ときどき

練習問題 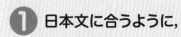 →解答は別冊 P.8

❶ 日本文に合うように， □ に適する語を１語ずつ書きましょう。

(1) ヒロミは上手にピアノをひきます。

Hiromi plays the piano □ .

(2) ポールは日本のアニメが大好きです。　日本の：Japanese　アニメ：anime

Paul likes Japanese anime □

□ .

(3) 私の母はよくカレーを作ります。　カレー：curry

My mother □ makes curry.

(4) 私はときどき姉と買い物に行きます。　買い物に行く：go shopping

I □ go shopping with my sister.

❷ 日本文に合うように，（　　）内の語を並べかえて英文を作りましょう。

(1) エミは毎日英語を勉強します。

Emi （every / studies / day / English）.

Emi □ .

(2) 私はたいてい朝食にシリアルを食べます。　朝食に：for breakfast　シリアル：cereal

（eat / usually / I / cereal） for breakfast.

□ for breakfast.

副詞 → 動詞に説明を加える

どうしても解けない場合は
復習問題WebへGO!

英語のきまり

be動詞の文

一般動詞の文

canの文

命令文

品詞

いろいろな疑問文

現在進行形の文

過去の文

いろいろな表現

１年生のおさらい

22 場所や時を表すときに使う語

前置詞

なぜ学ぶの?

「体育館で」と場所を表したり,「水曜日に」と時を表したりするときに使う語を学ぶよ。日本語の「〜で」「〜に」にあたる語だよ。さまざまな場所や時の情報を英語で伝えることができるようになるんだ。

これが大事! 「場所」「時」は in, on, at などの語を使って表す!

「〜で」や「〜に」のように,場所や時を表すときに使う語を「前置詞」という。
前置詞は名詞の前に置く。

We play badminton in the gym.

場所

(私たちは体育館でバドミントンをします。)

They play soccer on Wednesdays.

時

(彼らは (毎週) 水曜日にサッカーをします。)

これが大事! 「場所」の表しかた

---

in the box
(箱の中に)

on the table
(テーブルの上に)

under the chair
(いすの下に)

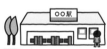
at the station
(駅で)

これが大事! 「時」の表しかた

---

in summer
(夏に)

on Sunday(s)
(日曜日に)

at five
(5時に)

after school
(放課後)

練習問題 →解答は別冊 P.8

❶ 日本文に合うように，（　　）内から適する語を選び，〇で囲みましょう。

(1) 私たちは公園でバスケットボールをします。　公園：park

We play basketball （in / on） the park.

(2) ユナは金曜日に図書館へ行きます。　図書館：library　〜へ行く：go to 〜

Yuna goes to the library （in / on） Fridays.

> Fridays のように，曜日に s をつけると「毎週〜曜日に」の意味になる。

(3) 駅で待ち合わせましょう。　駅：station

Let's meet （at / on） the station.

❷ 日本文に合うように，　　　　に適する語を1語ずつ書きましょう。

(1) 私は横浜に住んでいます。　住んでいる：live

I live 　　　　　 Yokohama.

(2) テーブルの上にあるケーキを食べてもいいですか。　テーブル：table　食べる：eat

Can I eat the cake 　　　　　 the table?

(3) 私たちは夏に花火を楽しみます。　夏：summer　花火：firework(s)　楽しむ：enjoy

We enjoy the fireworks 　　　　　 summer.

(4) 私の祖父は5時に起きます。　祖父：grandfather　起きる：get up

My grandfather gets up 　　　　　 five.

 前置詞 → 場所・時などを表すときに使う

どうしても解けない場合は
復習問題WebへGO!

ことばとことばを
つなぐ語 (and と or)
接続詞

なぜ学ぶの?

ここでは「ジャックとエミリー」「犬それともネコ」のように，2つのことばをつなげるときに使う語を学ぶよ。3つ以上のことばをつなげる言い方も覚えよう。

これが大事! 「A と B」は *A* and *B* で表す!

2つのことばをつなげるときに使う語を「接続詞」という。

Jack [and] Emily are from Australia.

(ジャックとエミリーはオーストラリアの出身です。)

I'd like a hamburger, an apple pie, [and] a small cola.

(ハンバーガーとアップルパイとコーラのSサイズをください。)

> 「～と」で3つ以上のことばをつなげるときは「,」を使って，and は最後のことばの前にだけつける。

これが大事! 「A それとも B」「A または B」は *A* or *B* で表す!

Do you like dogs [or] cats?

(あなたは犬が好きですか，それともネコが好きですか。)

> or も最後のことばの前にだけつける。

I want to visit the U.K., France, Italy, [or] Spain.

(私は，イギリスかフランスかイタリアかスペインに行ってみたいです。)

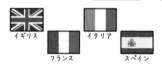

> ことばを並べるときは，and や or の前のことばは上げ調子 (↗)，最後のことばは下げ調子 (↘) に言う。

練習問題 →解答は別冊 P.8

英語のきまり

be動詞の文

一般動詞の文

canの文

命令文

品詞

いろいろな疑問文

現在進行形の文

過去の文

いろいろな表現

1年生のおさらい

❶ 日本文に合うように，□に適する語を1語ずつ書きましょう。

(1) 私は月曜日と金曜日にピアノのレッスンがあります。　レッスン：lesson

I have a piano lesson on Mondays

□ Fridays.

(2) この本はあなたのですか，それともトムのですか。　本：book

Is this book yours □ Tom's?

(3) ぼくはラーメンかうどんが食べたいです。　want to 〜：〜したい

I want to eat *ramen* □ *udon*.

❷ 日本文に合うように，（　）内の語を並べかえて英文を作りましょう。

(1) マヤと私は親友です。　親友：good friend(s)

（I / are / and / Maya）good friends.

□ good friends.

(2) あなたは夏が好きですか，それとも冬が好きですか。　夏：summer　冬：winter

Do you （summer / winter / or / like）?

Do you □ ?

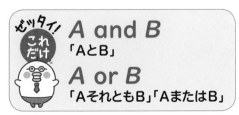

あち〜っ

さむ〜っ

みんなをつなぐよ！

これだけ

A and B
「AとB」

A or B
「AそれともB」「AまたはB」

71

➡解答は別冊 P.8

おさらい問題 17 〜 23

❶ 日本文に合うように，（　　）内から適する語を選び，〇で囲みましょう。

(1) これは彼女のノートです。　ノート：notebook

This is （she / her / hers） notebook.

(2) 私たちは彼を知っています。　知っている：know

We know （he / him / his）.

(3) このラケットは私のです。　ラケット：racket

This racket is （me / my / mine）.

(4) 私はたいてい10時に寝ます。　たいてい：usually　寝る：go to bed

I usually go to bed （at / in / on） ten.

(5) 彼女は上手にバイオリンをひきます。　バイオリン：violin

She plays the violin （good / well / very）.

❷ 次の文の　　　に，（　　）内の語を適する形になおして書きましょう。

(1) ヨウコは英語の本をたくさん持っています。　たくさんの〜：a lot of 〜

Yoko has a lot of English 　　　　　　. （book）

(2) 私たちは今日，授業が5時間あります。　今日：today　授業：class

We have five 　　　　　　 today. （class）

(3) これは私の父のカメラです。　カメラ：camera

This is my 　　　　　　 camera. （father）

❸ （　　）内の語を適する位置に入れて，正しい英文を書きましょう。

(1) 私のおじは沖縄に住んでいます。　おじ：uncle　住んでいる：live

My uncle lives Okinawa.　（in）

(2) 彼のコンピュータは古いです。　コンピュータ：computer

His computer old.　（is）

(3) これは簡単な問題ではありません。　問題：question

This is not an question.　（easy）

❹ 日本文に合うように，（　　）内の語句を並べかえて英文を作りましょう。
文の最初にくる語は大文字で書き始めましょう。

(1) 私たちは犬を1ぴきと鳥を2羽飼っています。　鳥：bird(s)

We have （dog / birds / and / two / a）.

We have _____ .

(2) このかばんはあなたのですか，それともケンタのですか。　かばん：bag

（yours / is / or / Kenta's / this bag）?

(3) 私はよく彼女といっしょに学校へ行きます。　よく：often

I （her / go / school / often / to / with）.

I _____ .

24 what を使って「何 ?」とたずねる文

疑問詞① what ❶

なぜ学ぶの?

ここでは，日本語で「何 ?」とたずねるときに使う what について学ぶよ。「〜は何ですか」や「何を〜しますか」と英語でたずねることができるようになるんだ。

基本のルール　「何を〜ですか」は〈What ＋疑問文の形 ?〉で表す !

疑問文で使う what「何」のような語を「疑問詞」という。

be 動詞	➡ 〈疑問詞＋ be 動詞（am, are, is）＋主語〜 ?〉
一般動詞	➡ 〈疑問詞＋ do [does] ＋主語＋動詞〜 ?〉
can	➡ 〈疑問詞＋ can ＋主語＋動詞〜 ?〉

これが大事!　「何 ?」は what で表す !

[What] is your favorite color? ⤵ ◀ 下げ調子
「何」＝ 疑問詞　be 動詞 ＋ 主語　　　　（あなたの一番好きな色は何ですか。）

ー It's pink.　　　　　　　　　　　　（ピンクです。）

[What] do you eat for breakfast? ⤴
do ＋ 主語 ＋ 動詞　　　　　（あなたは朝食に何を食べますか。）

ー I eat bread and yogurt.（私はパンとヨーグルトを食べます。）

[What] does Aki want for her birthday? ⤴
does ＋ 主語 ＋ 動詞　　　　（アキは誕生日に何をほしがっていますか。）

ー She wants a guitar.（彼女はギターをほしがっています。）

[What] can you cook? ⤴
can ＋ 主語 ＋ 動詞　　　　（あなたは何を料理することができますか。）

ー I can cook *yakisoba*.（私は焼きそばを料理することができます。）

練習問題 →解答は別冊 P.9

❶ 日本文に合うように，[   ]に適する語を1語ずつ書きましょう。

(1) あれは何ですか。

[   ] [   ] that?

(2) あなたは夕食後に何をしますか。　夕食後に：after dinner　する：do

[   ] [   ] you do after dinner?

(3) この単語は何という意味ですか。　単語：word　意味する：mean

[   ] [   ] this word mean?

(4) あなたは折り紙で何を作ることができますか。　作る：make

[   ] [   ] you make with *origami*?

❷ 日本文に合うように，（   ）内の語を並べかえて英文を作りましょう。
文の最初にくる語は大文字で書き始めましょう。

(1) あなたのネコの名前は何ですか。　名前：name

> what's は what is の
> 短縮形。

（your / what's / name / cat's）？

[   ]

(2) あなたは昼休みに何をしますか。　昼休みに：during lunch break

（do / do / what / you）during lunch break?

[   ] during lunch break?

ゼッタイ！
これだけ **what** 「何」

えーと…

どうしても解けない場合は
復習問題WebへGO！

英語のきまり

be動詞の文

一般動詞の文

canの文

命令文

品　詞

いろいろな疑問文

現在進行形の文

過去の文

いろいろな表現

1年生のおさらい

25 what を使って「何の [どんな] 〜 ?」「何時 ?」とたずねる文

疑問詞② what ❷

なぜ学ぶの?

what は「何」という意味だけど,「何の教科 (what subject)?」や「何時 (what time)?」は,〈what +名詞〉のひとまとまりで表すことができるよ。疑問詞 what のもう1つの使いかたを学ぼう。

これが大事! 「何の [どんな] 〜 ?」は〈what +名詞〉で表す!

〈what +名詞〉のあとに疑問文の形を続ける。

What subject do you like?　（あなたは 何の 教科が好きですか。）
「何の [どんな]」　名詞　　疑問文の形

— **I** like science.　（私は理科が好きです。）

What sport do you play?　（あなたは どんな スポーツをしますか。）
「何の [どんな]」　名詞

— **I** play table tennis.　（私は卓球をします。）

これが大事! 「何時 ?」は what time で表す!

時刻を表すとき, 主語に it を使う。この it には「それは」の意味はなく, 日本語には訳さない。

What time is it now?　（今, 何時 ですか。）
「何時」

— **It's** seven thirty.　（7時30分です。）
主語

What time do you go to bed?　（あなたは 何時に 寝ますか。）

— I usually go to bed at ten.　（私はたいてい10時に寝ます。）

練習問題 →解答は別冊 P.9

1 日本文に合うように，[   ]に適する語を1語ずつ書きましょう。

(1) あなたは何色が好きですか。　色：color

[   ] [   ] do you like?

(2) あなたはどんな日本の食べ物が好きですか。　日本の：Japanese　食べ物：food

[   ] Japanese food [   ] you like?

(3) ニューヨークは今，何時ですか。―午前9時です。　ニューヨーク：New York

[   ] [   ] is it in New York now?

― [   ] nine in the morning. in the morning：午前の

2 日本文に合うように，（　　）内の語を並べかえて英文を作りましょう。
文の最初にくる語は大文字で書き始めましょう。

(1) あなたはどの国を訪れたいですか。　国：country　訪れる：visit

(do / what / you / country) want to visit?

[   ] want to visit?

(2) あなたは何時に起きますか。　起きる：get up

(do / time / you / what) get up?

[   ] get up?

ねむーい！

what ＋ 名詞　「何の［どんな］名詞」
what time　「何時」

どうしても解けない場合は
復習問題WebへGO!

26 how を使って「どのようにして？」「いくつ？」とたずねる文

疑問詞③ how

ここでは，疑問詞の how を使って「どのようにして？」と手段や方法をたずねたり，「いくつ？」と数をたずねたりする表現を学ぶよ。

これが大事！ 手段や方法は how でたずねる！

How do you come to school?
「どのようにして」
（あなたは どうやって 学校に来ますか。）

— I come to school by bike. （私は自転車で学校に来ます。）

移動手段を表すときは〈by ＋乗り物〉で表す。
乗り物名には，a や the はつけない。
by bus バスで / by train 電車で / by car 車で

これが大事！ 数は how many 〜 でたずねる！

数は〈how many ＋名詞〉でたずねる。名詞は複数形（「2つ以上のもの［2人以上の人］」を表す形＝名詞の終わりに s をつけた形）(P.62) を使う。

How many rackets do you have?
「いくつの」 名詞の複数形 （あなたは ラケット を 何本 持っていますか。）

— I have two rackets. （私はラケットを2本持っています。）

How many dogs do you have?
「いくつの」 名詞の複数形 （あなたは 犬 を 何びき 飼っていますか。）

— I have four. （私は4ひき飼っています。）

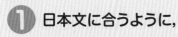

→解答は別冊 P.9

❶ 日本文に合うように，□□□ に適する語を1語ずつ書きましょう。

(1) あなたはどうやって図書館へ行きますか。　図書館 : library

　—私はバスでそこへ行きます。　バス : bus　そこへ : there

　　　　□□□ do you go to the library?

　　— I go there □□□ bus.

(2) あなたはTシャツを何枚持っていますか。　Tシャツ : T-shirt(s)

　—10枚くらいです。　〜くらい : about 〜

　　　□□□ □□□ T-shirts do you have?

　　— About □□□ .

❷ 日本文に合うように，（　　）内の語を並べかえて英文を作りましょう。文の最初にくる語は大文字で書き始めましょう。

(1) あなたはどのように英語を勉強しますか。

　（study / how / you / do）English?

　□□□ English?

(2) あなたは月に何冊本を読みますか。　月 (ごと) に : a month　読む : read

　（books / many / you / do / how）read a month?

　□□□ read a month?

how 「どのようにして」
how many ＋ 名詞 （複数形）
「いくつの 名詞 」

どうしても解けない場合は
復習問題WebへGO!

27 who を使って「だれ？」，whose を使って「だれの？」とたずねる文

疑問詞④　who, whose

なぜ学ぶの？

ここでは，疑問詞の who を使って「だれ？」と人についてたずねたり，whose を使って「だれの？」と持ち主をたずねたりする表現を学ぶよ。答え方もいっしょに覚えよう。

これが大事！　「だれ？」は who で表す！

who を使った疑問文には，she「彼女は」や he「彼は」を使って答える。

Who is that girl？　　　　（あの女の子は だれ ですか。）
「だれ」

— **She is a new student.**　　（彼女は新入生です。）

Who is Kenshi？　　　　（ケンシって だれ ですか。）
「だれ」

— **He is my favorite musician.**

（彼は私の大好きなミュージシャンです。）

これが大事！　「だれの〜？」は〈whose ＋名詞〉で表す！

〈whose ＋名詞〉の疑問文には，「〜のもの」を表す形（P.60〜61）を使って答える。

Whose pen is this？　　　（これは だれの ペンですか。）
「だれの」　名詞

— **It's mine.**　　　（私のです。）

Whose books are these？
「だれの」　名詞　（これらは だれの 本ですか。）

— **They are my sister's.**　　（私の姉のものです。）

だれの？

① 日本文に合うように，（　　）内から適する語を選び，〇で囲みましょう。

(1) あの男の子はだれですか。―彼は私の弟のケンタです。　男の子：boy

（Who / What / Whose）is that boy?
―（She / He / It）is my brother Kenta.

(2) これはだれのぼうしですか。―私のです。　ぼうし：cap

（Who / What / Whose）cap is this?
― It's（my / me / mine）.

② 日本文に合うように，　　　　に適する語を1語ずつ書きましょう。

(1) あの女の人はだれですか。―彼女は私たちの英語の先生です。

　　　　　　　is that woman?　woman：女の人

―　　　　　　　is our English teacher.　teacher：先生

(2) これはだれの自転車ですか。―たぶんミカ（Mika）のです。　たぶん：maybe

　　　　　　　bike is this?

― Maybe it's 　　　　　　　.

勉強するぞ～！

遊ぶぞ～！

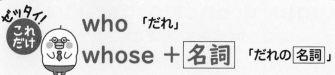
ゼッタイ！ これだけ
who 「だれ」
whose ＋ 名詞 「だれの 名詞」

どうする？

英語のきまり
be動詞の文
一般動詞の文
canの文
命令文
品詞
いろいろな疑問文
現在進行形の文
過去の文
いろいろな表現
1年生のおさらい

28 when を使って「いつ？」, where を使って「どこ？」とたずねる文

疑問詞⑤ when, where

なぜ学ぶの？

疑問詞を使っていろいろな質問ができるようになったね。最後に「いつ？」と時をたずねたり,「どこ？」と場所をたずねたりする表現を学ぶよ。答え方も確認しておけば, 英語でやりとりができるね！

これが大事！ 「いつ？」は when で表す！

when を使った疑問文には,「時」を表す前置詞 (P.68) を使って答えることができる。

When is your soccer game?
「いつ」
（あなたのサッカーの試合は いつ ですか。）

— It's on June 20. （6月20日です。）
前置詞「時」を表す

When do you study? （あなたは いつ 勉強しますか。）
「いつ」

— I usually study after dinner. （私はたいてい夕食後に勉強します。）

これが大事！ 「どこ？」は where で表す！

where を使った疑問文には,「場所」を表す前置詞 (P.68) を使って答えることができる。

Where is my smartphone?
「どこ」

（私のスマートフォンは どこに ありますか。）

— It's on the sofa. （ソファーの上にあります。）
前置詞「場所」を表す

Where does your grandmother live?
「どこ」
（あなたのおばあさんは どこに 住んでいますか。）

— She lives in Aomori. （彼女は青森に住んでいます。）

英語のきまり
be動詞の文
一般動詞の文
canの文
命令文
品詞
いろいろな疑問文
現在進行形の文
過去の文
いろいろな表現
1年生のおさらい

練習問題 →解答は別冊 P.9

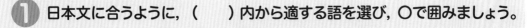

❶ 日本文に合うように，（　　）内から適する語を選び，〇で囲みましょう。

(1) 英語のテストはいつですか。—来週の月曜日です。 テスト：test

（What / When / Where）is the English test?
— Next（Saturday / Monday / Friday）.

next：次の，今度の

(2) あなたたちはどこでバスケットボールをしますか。—体育館でします。

（When / Where / Who）do you play basketball?
—（In / On / To）the gym. gym：体育館

❷ 日本文に合うように，□□□ に適する語を1語ずつ書きましょう。

(1) 彼の誕生日はいつですか。 誕生日：birthday

□□□ □□□ his birthday?

(2) オカダ先生はどこにいますか。

□□□ □□□ Ms. Okada?

(3) あなたはどこに住んでいますか。

□□□ □□□ you live?

ゼッタイ！これだけ　when「いつ」　where「どこ」

いつ？どこ？

どうしても解けない場合は
復習問題WebへGO!

83

基本の ルール 　**疑問詞は文の先頭に置く！**

be 動詞 (am, are, is) を使う場合も，一般動詞を使う場合も，疑問詞は必ず文の先頭に置く。そのあとに，それぞれの疑問文の形を続ける。疑問詞の意味をまとめて確認しよう。

いつ	When do you play tennis? − I play tennis on Saturdays.	（あなたはいつテニスをしますか。） （土曜日にテニスをします。）
どこ	Where do you live? − I live in Nagano.	（あなたはどこに住んでいますか。） （長野に住んでいます。）
だれ	Who is that girl? − She is my friend Emily.	（あの女の子はだれですか。） （私の友達のエミリーです。）
だれの	Whose book is this? − It's mine.	（これはだれの本ですか。） （私のです。）
何	What is your favorite subject? − It's math.	（あなたの大好きな教科は何ですか。） （数学です。）
何の	What sport do you like? − I like soccer.	（あなたはどんなスポーツが好きですか。） （サッカーが好きです。）
何時	What time do you get up? − I get up at seven.	（あなたは何時に起きますか。） （7時に起きます。）
どのように	How do you go there? − I go there by train.	（あなたはどうやってそこへ行きますか。） （電車で行きます。）
いくつ	How many cats do you have? − I have two (cats).	（あなたはネコを何びき飼っていますか。） （2ひき飼っています。）

日付・曜日・時刻・天気をたずねる文

What's the date today? （今日は何月何日ですか。）
— It's May 10. （5月10日です。）
What day is it today? （今日は何曜日ですか。）
— It's Thursday. （木曜日です。）
What time is it now? （今何時ですか。）
— It's ten fifteen. （10時15分です。）
How's the weather? （天気はどうですか。）
— It's sunny. （晴れています。）

曜日や時刻, 天候などを表す文の主語には it を使う。この it には「それは」の意味はなく, 日本語には訳さない。

曜日や天候などのたずね方や答え方は, そのまま覚えよう。

そのほかの疑問詞

Which do you want to visit, Hokkaido or Okinawa?
「どちら」　　　　（あなたは北海道と沖縄, どちら を訪れたいですか。）

— I want to visit Hokkaido.
（私は北海道を訪れたいです。）

Which umbrella is yours? （どちらの かさがあなたのですか。）
「どちらの [どの]」　名詞

— This red one is mine. （この赤いのが私のです。）

Why do you like winter? （あなたは なぜ 冬が好きなのですか。）
「なぜ」

— Because I'm good at skiing. （私はスキーが得意だからです。）

which は, what と同じように2つの使いかたがある。why は理由をたずねるときに使う。

おさらい問題 24 〜 28

① 日本文に合うように，[　　　]に適する語を下の[　　　]から選んで書きましょう。

(1) あの男の人はだれですか。　男の人：man

[　　　　　] is that man?

(2) これは何ですか。

[　　　　　] is this?

(3) あなたはいつピアノを練習しますか。　練習する：practice

[　　　　　] do you practice the piano?

(4) 私たちはどうやってそこへ行くことができますか。　そこへ：there

[　　　　　] can we go there?

(5) あれはだれのコンピュータですか。　コンピュータ：computer

[　　　　　] computer is that?

(6) エマはどこの出身ですか。

[　　　　　] is Emma from?

What	When	Where
How	Who	Whose

❷ （　　）内から適するものを選び，〇で囲みましょう。

(1) What （time / day / date） is it today?
　 − It's Wednesday.　Wednesday：水曜日

(2) （What / How / Why） is the weather in London?　weather：天気
　 − It's rainy.　rainy：雨降りの

(3) （When / How many / Which） racket is yours?　yours：あなたのもの
　 − This new one is mine.　mine：私のもの

❸ 日本文に合うように，（　　）内の語句を並べかえて英文を作りましょう。
　 文の最初にくる語は大文字で書き始めましょう。

(1) 彼女の誕生日はいつですか。　誕生日：birthday

　 （her / when / birthday / is）?

(2) 今, 何時ですか。　今：now

　 （time / now / is / what / it）?

(3) あなたはどんな動物が好きですか。　動物：animal

　 （like / animal / do / what / you）?

(4) あなたは英語の本を何冊持っていますか。　英語の本：English book

　 （English books / you / how / do / many） have?

　　　　　　　　　　　　　　　　　　　　　　　have?

29 「(今) 〜しています」を表す 〈be 動詞＋動詞の ing 形〉

現在進行形の文

なぜ学ぶの?

I study every day. のような一般動詞 (study) の文は，「毎日勉強する」という習慣や事実を表す言い方だね。ここでは，「今まさに勉強中」という進行中の動作を表す言い方を学ぶよ。

基本のルール 進行中の動作→〈be 動詞＋動詞の ing 形〉で表す!

「(今) 〜しているところです」という進行中の動作は〈be 動詞 (am, are, is) ＋動詞の ing 形〉で表す。この動詞の形を現在進行形という。

 これが大事! be 動詞 (am, are, is) は主語によって使い分ける!

I **am** **studying** math now. （私は今，数学を勉強しています。）
　┗━━┛
　be 動詞 ＋ 動詞の ing 形

We **are** **cooking** now. （私たちは今料理をしているところです。）

Kei **is** **listening** to music. （ケイは音楽を聞いています。）

 これが大事! 動詞の ing 形の作り方をおさえる!

ほとんどの動詞は play → playing のように，動詞の終わりに ing をつけるだけでよい。次のような動詞に注意する。

We **are** **having** lunch now.
　　　be 動詞 ＋ have の ing 形　　　（私たちは今，昼食を食べているところです。）

e で終わる動詞 → e をとって ing をつける	最後の文字を重ねて ing をつける
make (作る) → making	run (走る) → running
use (使う) → using	swim (泳ぐ) → swimming

88

 練習問題 →解答は別冊 P.10

❶ 次の文を「今～しているところです」という進行中の動作を表す文に書きかえるとき，　　　　に適する語を1語ずつ書きましょう。

(1) I study English every day. （私は毎日英語を勉強します。）

I 　　　　　　　　　　English now. now : 今

(2) We watch TV after dinner. （私たちは夕食後にテレビを見ます。）

We 　　　　　　　　　　TV now.

(3) My father plays golf on Sundays. （私の父は日曜日にゴルフをします。）

My father 　　　　　　　　　　golf now.

golf : ゴルフ

> ing は，plays ではなく動詞の
> そのままの形（原形）につける。

❷ 日本文に合うように，　　　　に適する語を1語ずつ書きましょう。

(1) ケンタとジムは，テレビゲームをしています。 （ゲームを）する : play

Kenta and Jim 　　　　　　　　　
a video game.

(2) 私はレポートを書いているところです。 レポート : report　書く : write

I 　　　　　　　　　　a report.

(3) 彼らは今，公園で走っています。 公園で : in the park　走る : run

They 　　　　　　　　　　in the park now.

 主語 ＋ am [are / is] ＋動詞の ing 形～.
「（主語）は～しているところです」

英語のきまり
be動詞の文
一般動詞の文
canの文
命令文
品　詞
いろいろな疑問文
現在進行形の文
過去の文
いろいろな表現
1年生のおさらい

30 「(今)〜していません」を表す〈be 動詞＋ not ＋動詞の ing 形〉

現在進行形の否定文

今していることを表す現在進行形を学んだね。ここでは，現在進行形を使って「今〜していません」と否定する表現を学ぶよ。

 「(今)〜していません」は be 動詞のあとに not を置く！

否定文の作り方は，前に学んだ be 動詞の否定文 (P.18) と同じ。

I am studying now. （私は今勉強しています。）

am のあとに not を入れる

I am not studying now. （私は今勉強していません。）

We are not watching TV. （私たちはテレビを見ていません。）

Koji is not cleaning the room.

（コウジは部屋をそうじしていません。）

これが大事！ be 動詞を使った短縮形

短縮形 (P.18) は，現在進行形の文でもよく使う。

She isn't sleeping. （彼女は眠っていません。）

is not の短縮形

She's not sleeping.

She is の短縮形

英語のきまり

be動詞の文

一般動詞の文

canの文

命令文

品　詞

いろいろな疑問文

現在進行形の文

過去の文

いろいろな表現

1年生のおさらい

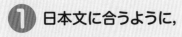 **練習問題** →解答は別冊 P.10

① 日本文に合うように，⬚⬚⬚⬚ に適する語を1語ずつ書きましょう。

(1) 私はバスを待っているのではありません。　～を待つ：wait for ～

I ⬚⬚⬚⬚⬚ ⬚⬚⬚⬚⬚ waiting for the bus.

(2) 彼女たちはテニスをしていません。

They ⬚⬚⬚⬚⬚ ⬚⬚⬚⬚⬚ playing tennis.

(3) ケイはピアノの練習をしていません。　練習する：practice

Kei ⬚⬚⬚⬚⬚ ⬚⬚⬚⬚⬚ practicing the piano.

② 日本文に合うように，（　）内の語句を並べかえて英文を作りましょう。文の最初にくる語は大文字で書き始めましょう。

(1) 私は今新聞を読んでいません。　新聞：newspaper　読む：read

(a newspaper / I'm / reading / not) now.

⬚⬚⬚⬚⬚⬚⬚⬚⬚⬚ now.

(2) 彼らは英語を話していません。　話す：speak

(not / they / speaking / are) English.

⬚⬚⬚⬚⬚⬚⬚⬚⬚⬚ English.

(3) 彼は今，宿題をしていません。　（彼の）宿題をする：do his homework

(doing / he / his homework / isn't) now.

⬚⬚⬚⬚⬚⬚⬚⬚⬚⬚ now.

 ゼッタイ！これだけ 主語＋ am〔are / is〕not ＋動詞の ing 形～．
「（主語）は～していません」

31 「（今）〜していますか」を表す 〈be 動詞＋主語＋動詞の ing 形〜？〉
現在進行形の疑問文

なぜ学ぶの？

現在進行形の肯定文と否定文を学んだね。ここでは, 現在進行形を使って「今〜していますか」とたずねる文を学ぶよ。「何を作っているの？」「今何している？」などよく使う表現を英語で言えるようになるよ。

これが大事！ 「（今）〜していますか」は be 動詞で文を始める！

疑問文の作り方・答え方も, 前に学んだ be 動詞の場合（P.20）と同じ。

Aya is studying now. （アヤは今, 勉強しています。）

Is Aya studying now?
be 動詞 (is) ＋ 主語 ＋ 〜ing
（アヤは今, 勉強していますか。）

答え方 **Yes, she is. / No, she is not.**
be 動詞 (is) を使って答える

（はい, しています。／いいえ, していません。）

これが大事！ 「何を〜していますか」は疑問文の先頭に what を置く！

「何？」を表す疑問詞（what）は必ず文の先頭に置く。

What are you making? （あなたは何を作っているのですか。）
「何」　be 動詞 ＋ 主語 ＋ 〜ing

— I'm making rice balls. （私はおにぎりを作っています。）

What is Sam doing now? （サムは今, 何をしていますか。）

— He's having lunch. （彼は昼食を食べています。）

英語のきまり

be動詞の文

一般動詞の文

canの文

命令文

品　詞

いろいろな疑問文

現在進行形の文

過去の文

いろいろな表現

1年生のおさらい

 練習問題 →解答は別冊 P.11

❶ 日本文に合うように，[　　　]に適する語を1語ずつ書きましょう。

(1) タロウは今コンピュータを使っていますか。―いいえ，使っていません。

[　　　　　　] Taro using a computer now?

use：使う

― No, he [　　　　　] [　　　　　　　　].

(2) あなたは何を読んでいるのですか。　読む：read

―私は鳥についての本を読んでいます。　鳥：bird(s)　～について：about ～

[　　　　] [　　　　　　] you reading?

― I'm [　　　　　] a book about birds.

❷ 日本文に合うように，（　　）内の語句を並べかえて英文を作りましょう。
文の最初にくる語は大文字で書き始めましょう。

(1) あなたのお姉さんは今，ケーキを作っているのですか。　作る：make

（your sister / a cake / is / making）now?

[　　　　　　　　　　　　　　　　　　　] now?

(2) あの生徒たちは何をしているのですか。　生徒：student(s)

（doing / what / those students / are）?

[　　　　　　　　　　　　　　　　　　　]

何してるの〜？

 ゼッタイ！これだけ Are [Is] ＋主語＋動詞の ing 形〜？
「（主語）は〜していますか」

93

「(今) ～しています」という文のまとめ

基本の ルール　今，進行中の動作は現在進行形で表す！

「(今) ～しているところだ」という進行中の動作は〈be 動詞 (am, are, is) ＋動詞の ing 形〉で表す。be 動詞は主語によって使い分ける。

これが 大事！　「(今) ～しています」は〈主語＋ am [are / is] ＋動詞の ing 形～.〉

I am studying English now. (私は今, 英語を勉強しています。)

They are playing soccer. (彼らはサッカーをしています。)

My mother is cooking dinner. (私の母は夕食を作っています。)

be 動詞の使い分け
I → am　　you・複数 → are
I (自分) と you (相手) 以外の単数 → is

単数は「1人の人 [1つのもの]」,
複数は「2人以上の人 [2つ以上のもの]」
のことだね。

これが 大事！　動詞の ing 形の作り方を覚える！

I'm making rice balls. (私はおにぎりを作っています。)

He is swimming in the pool. (彼はプールで泳いでいます。)

ほとんどの動詞は, そのまま ing をつける。

e で終わる動詞 → e をとって ing
make (作る) → making
have (食べる) → having
use (使う) → using

最後の文字を重ねて ing
swim (泳ぐ) → swimming
run (走る) → running
sit (座る) → sitting

英語のきまり

be動詞の文

一般動詞の文

canの文

命令文

品詞

いろいろな疑問文

現在進行形の文

過去の文

いろいろな表現

1年生のおさらい

「～していません」（否定文），「～していますか」（疑問文）の言い方を覚えよう！

I am not watching TV now. （私は今, テレビを見ていません。）

Are you studying? （あなたは勉強しているのですか。）
－ Yes, I am. （はい, そうです。）
　 No, I'm not. （いいえ, ちがいます。）

否定文は be 動詞 (am, are, is) のあとに not を入れるよ。

疑問文は, 主語の前に be 動詞を置くよ。

疑問詞を使う疑問文をおさえよう！

What are you studying? （あなたは何を勉強しているのですか。）
－ I am studying math. （私は数学を勉強しています。）

What is Mari doing now? （マリは今, 何をしていますか。）
－ She's reading a book. （彼女は本を読んでいます。）

Who is playing the guitar? （だれがギターをひいているのですか。）
－ My brother is. （私の兄です。）

「何を～していますか」とたずねるときは, What のあとに疑問文の形〈be 動詞＋主語＋動詞の ing 形～?〉を続ける。
「だれが～していますか」は, Who「だれが」が主語になるので〈is ＋動詞の ing 形～?〉を続ける。

what や who は, 必ず文の先頭だね。

おさらい問題 29〜31

① 次の文の ▢▢ に，（　）内の動詞を適する形になおして書きましょう。

(1) カイトは今，スケートをしています。　スケートをする：skate

Kaito is ▢▢▢▢ now. (skate)

(2) 私の父は新聞を読んでいます。　新聞：newspaper　読む：read

My father is ▢▢▢▢ a newspaper. (read)

(3) 彼らは校庭で走っています。　校庭：schoolyard　走る：run

They are ▢▢▢▢ in the schoolyard. (run)

(4) 私の弟は今，おふろに入っています。　ふろに入る：take a bath

My brother is ▢▢▢▢ a bath now. (take)

② 次の文を（　）内の指示にしたがって書きかえるとき，▢▢ に適する語を1語ずつ書きましょう。

(1) I play tennis. （「今〜している」という現在進行形の文に）

I ▢▢▢▢ ▢▢▢▢ tennis now.

(2) He is sleeping. （否定文に）　sleep：眠る

He ▢▢▢▢ ▢▢▢▢ sleeping.

(3) Yuki is cooking now. （疑問文にして，No で答える）

cook：料理をする

▢▢▢▢ Yuki ▢▢▢▢ now?

— ▢▢▢▢ , she ▢▢▢▢ .

英語のきまり

be動詞の文

一般動詞の文

canの文

命令文

品詞

いろいろな疑問文

現在進行形の文

過去の文

いろいろな表現

1年生のおさらい

❸ 日本文に合うように，（　）内から適する語を選び，〇で囲みましょう。

(1) 私たちは今，朝食を食べています。　朝食：breakfast　食べる：have

We （am / are / is）（have / has / having）
breakfast now.

(2) ケンタは部屋をそうじしていません。　部屋：room　そうじする：clean

Kenta （isn't / don't / doesn't）cleaning
his room.

(3) ユミは何を作っているのですか。—彼女はサンドイッチを作っています。

（Who / What / How）（is / do / does）Yumi
making?
— She's （make / makes / making）sandwiches.

❹ 日本文に合うように，（　）内の語句を並べかえて英文を作りましょう。
文の最初にくる語は大文字で書き始めましょう。

(1) 彼女は今，ピアノを練習しているのですか。　練習する：practice

（she / the piano / practicing / is）now?

_____ now?

(2) あなたは今，何をしていますか。

（doing / what / you / are）now?

_____ now?

(3) （(2) の答え）　私は宿題をしています。　宿題：homework

（homework / I'm / my / doing）.

_____

32 「〜しました」を表す 過去の文①
一般動詞の過去の文（規則動詞）

 なぜ学ぶの?

I play tennis. のような一般動詞の文は、「テニスをする」という現在の習慣や事実を表す言い方だったね。ここでは、「昨日テニスをした」という過去にしたことを表す言い方を学ぶよ。

これが大事! 「〜しました」 → 動詞に ed をつけて表す！

「〜しました」と過去にしたことを表すときは、一般動詞に ed をつける。ed をつけて過去形を作る動詞を規則動詞という。

〈現在〉 I play tennis on Sundays. （私は日曜日にテニスをします。）

〈過去〉 I played tennis yesterday. （私は昨日テニスをしました。）
　　　　 動詞に ed をつける ← 過去形

ほとんどの規則動詞は、動詞の終わりに ed をつけるだけ。次のような動詞に注意する。

◆ d だけをつける動詞	◆ y → ied にする動詞	◆最後の文字を重ねる動詞
like (好きである) → liked	study (勉強する) → studied	stop (止まる) → stopped
live (住んでいる) → lived	try (試す, 試みる) → tried	drop (落ちる) → dropped
use (使う) → used	cry (泣く) → cried	

これが大事! 一般動詞の過去形 → 主語がだれでも同じ形になる！

現在の文では、主語が3人称単数（自分と相手以外の1人の人[1つのもの]）のとき、一般動詞の形がかわる (P.32) が、過去形は主語が何であっても同じ形を使う。

〈現在〉 Kei plays tennis on Sundays.
　　　　 3人称単数　 └ 動詞に s をつける　　　　（ケイは日曜日にテニスをします。）

〈過去〉 Kei played tennis yesterday.
　　　　 動詞に ed をつける ← 過去形　　　　（ケイは昨日テニスをしました。）

英語のきまり

be動詞の文

一般動詞の文

canの文

命令文

品　詞

いろいろな
疑問文

現在進行形の文

過去の文

いろいろな表現

1年生の
おさらい

練習問題 →解答は別冊 P.12

❶ 次の文の　　　　に，（　　）内の動詞を適する形になおして書きましょう。

(1) 私たちは放課後バドミントンをしました。　放課後：after school

We 　　　　　　 badminton after school. （play）

(2) 私の父は昨日，夕食を作りました。　昨日：yesterday　夕食：dinner

My father 　　　　　　 dinner yesterday. （cook）

(3) 私は昨夜，英語を勉強しました。　昨夜：last night

I 　　　　 English last night. （study）

❷ 日本文に合うように，　　　　に適する語を下の［ 　　 ］から選び，適す
る形になおして書きましょう。

(1) 私たちは2年前，神戸に住んでいました。　2年前（に）：two years ago

We 　　　　　　 in Kobe two years ago.

(2) ミユはパーティーでピアノをひきました。　パーティーで：at the party

Miyu 　　　　　　 the piano at the party.

(3) 私は先週，部屋をそうじしました。　先週：last week

I 　　　　　　 my room last week.

┌─────────────────────────────┐
│　　clean　　　live　　　play　　│
└─────────────────────────────┘

ゼッタイ！
これ
だけ　　過去の文
→ 動詞に ed をつける

今日も
たくさん
遊んだ〜

33 「〜しました」を表す過去の文②
一般動詞の過去の文（不規則動詞）

なぜ学ぶの?

過去にしたことは，動詞の過去形を使って表せばいいんだね。ここでは，ed をつけて過去形にするのではなく，違う形になる動詞（不規則動詞）の過去形を学ぶよ。いろいろな過去のことを表すことができるようになるよ。

 これが大事! go の過去形は went で表す！

ed をつけて過去形を作る動詞を**規則動詞**というのに対し，過去形が違う形になる動詞を**不規則動詞**という。「不規則動詞の変化表」は P.102〜 P.103。

〈現在〉**I go to school by bike.** （私は自転車で学校へ行きます。）

〈過去〉**I went to school by bike yesterday.**
go の過去形は went
（私は昨日，自転車で学校へ行きました。）

これが大事! 過去を表す語句

My mother made a cake yesterday.
make の過去形　　　　　　　　　　　　　　　「昨日」
（私の母は昨日，ケーキを作りました。）

We saw a movie last Sunday.
see の過去形　　　　「この前の〜」
（私たちはこの前の日曜日に映画を見ました。）

Tom came to Japan two years ago.
come の過去形　　　　　　　　　「(今から) 〜前に」
（トムは2年前に日本に来ました。）

練習問題 →解答は別冊 P.12

① 次の不規則動詞の過去形を書きましょう。

(1) buy （買う）

(2) eat （食べる）

> 次のページの表を見ながら答えよう！

(3) have （持っている）

(4) see （見る）

(5) read （読む）

(6) write （書く）

② 日本文に合うように、□□□ に適する語を1語ずつ書きましょう。

(1) 私たちは昨日、動物園に行きました。 動物園：zoo

We ▯▯▯ to the zoo ▯▯▯ .

(2) 私はこの前の週末に、姉とケーキを作りました。 週末：weekend

I ▯▯▯ a cake with my sister ▯▯▯ weekend.

(3) 彼らは5年前に日本に来ました。

They ▯▯▯ to Japan five years ▯▯▯ .

> がんばりました！

ゼッタイ！ これだけ **不規則動詞の過去形**
→ それぞれ違う形になる

どうしても解けない場合は
復習問題WebへGO！

英語のきまり

be動詞の文

一般動詞の文

canの文

命令文

品詞

いろいろな疑問文

現在進行形の文

過去の文

いろいろな表現

1年生のおさらい

▶不規則動詞の変化表

不規則に変化する動詞の形を確認しよう！

はーい！

原形（そのままの形）	過去形	(e)s をつけた形	-ing 形
become（〜になる）	became	becomes	becoming
begin（始める）	began	begins	beginning
break（壊す）	broke	breaks	breaking
bring（持ってくる）	brought	brings	bringing
build（建てる）	built	builds	building
buy（買う）	bought	buys	buying
catch（つかまえる）	caught	catches	catching
choose（選ぶ）	chose	chooses	choosing
come（来る）	came	comes	coming
do（する）	did	does	doing
draw（描く）	drew	draws	drawing
drink（飲む）	drank	drinks	drinking
eat（食べる）	ate	eats	eating
feel（感じる）	felt	feels	feeling
find（見つける）	found	finds	finding
fly（飛ぶ）	flew	flies	flying
get（得る）	got	gets	getting
give（与える）	gave	gives	giving
go（行く）	went	goes	going
have（持っている）	had	has	having
hear（聞く）	heard	hears	hearing

原形 (そのままの形)	過去形	(e)s をつけた形	-ing 形
keep (保つ)	**kept**	keeps	keeping
know (知っている)	**knew**	knows	knowing
leave (出発する)	**left**	leaves	leaving
make (作る)	**made**	makes	making
meet (会う)	**met**	meets	meeting
put (置く)	**put**	puts	putting
read (読む)	**read**	reads	reading
ride (乗る)	**rode**	rides	riding
run (走る)	**ran**	runs	running
say (言う)	**said**	says	saying
see (見る, 見える)	**saw**	sees	seeing
send (送る)	**sent**	sends	sending
sing (歌う)	**sang**	sings	singing
sit (座る)	**sat**	sits	sitting
speak (話す)	**spoke**	speaks	speaking
stand (立つ)	**stood**	stands	standing
swim (泳ぐ)	**swam**	swims	swimming
take (持っていく)	**took**	takes	taking
teach (教える)	**taught**	teaches	teaching
tell (話す, 教える)	**told**	tells	telling
think (思う, 考える)	**thought**	thinks	thinking
understand (理解する)	**understood**	understands	understanding
win (勝つ)	**won**	wins	winning
write (書く)	**wrote**	writes	writing

英語のきまり

be動詞の文

一般動詞の文

canの文

命令文

品詞

いろいろな疑問文

現在進行形の文

過去の文

いろいろな表現

1年生のおさらい

34 did を使って「〜しません でした」と否定する文

一般動詞の過去の否定文

なぜ学ぶの？

「〜しません」という現在の否定文は, don't や doesn't を使ったね。ここでは, 「〜しませんでした」と過去のことについて否定する言い方を学ぶよ。英語での表現の幅が広がるね。

これが大事！ 「〜しませんでした」は動詞の前に did not を入れる！

「〜しませんでした」という過去の否定文は, 動詞の前に did not を入れる。
否定文では, 動詞は過去形ではなくそのままの形 (原形) を使う。

I played tennis yesterday.

動詞の前に did not を入れる　　　　　　　（私は昨日テニスをしました。）

I did not play tennis yesterday.

動詞は過去形にしない　　　　（私は昨日テニスをしませんでした。）

これが大事！ 主語がだれでも did not を使う！

現在の否定文では, 主語によって do not [don't] と does not [doesn't] を使い分けたが, 過去の否定文は主語が何であっても did not [didn't] を使う。

〈現在〉 I don't watch TV.　　　（私はテレビを見ません。）

Kei doesn't watch TV.　（ケイはテレビを見ません。）

3人称単数

〈過去〉 I didn't watch TV last night.

did not の短縮形は didn't　　　　（私は昨夜テレビを見ませんでした。）

Kei didn't watch TV last night.

（ケイは昨夜テレビを見ませんでした。）

104

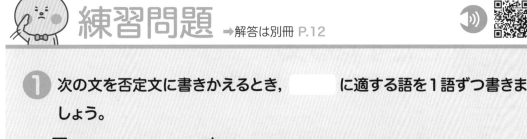

英語のきまり
be動詞の文
一般動詞の文
can の文
命令文
品詞
いろいろな疑問文
現在進行形の文
過去の文
いろいろな表現
1年生のおさらい

練習問題 →解答は別冊 P.12

❶ 次の文を否定文に書きかえるとき，　　　　に適する語を1語ずつ書きましょう。

(1) Tom came to the concert. (トムはそのコンサートに来ました。)

Tom _____ _____ come to the concert.

concert：コンサート

(2) I studied English last night. (私は昨夜，英語を勉強しました。)

I _____ study English last night.

last night：昨夜

❷ 日本文に合うように，（　　）内から適する語を選び，○で囲みましょう。

(1) 私たちは先週，テニスを練習しませんでした。　先週：last week

We (didn't / don't / doesn't) (practice / practiced) tennis last week.

(2) 私の母は昨日，買い物に行きませんでした。　買い物に行く：go shopping

My mother (is / does / did) not (go / goes / went) shopping yesterday.

(3) 私は今朝，朝食を食べませんでした。　今朝：this morning　朝食：breakfast

I (am / do / did) not (have / has / had) breakfast this morning.

今日も勉強
しなかった～

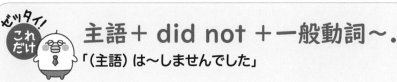

ゼッタイ！
これ
だけ

主語＋ did not ＋一般動詞～.

「(主語) は～しませんでした」

35 did を使って「〜しましたか」とたずねる文

一般動詞の過去の疑問文

なぜ学ぶの?

「〜しますか」という現在の疑問文は，do や does を使ったね。ここでは，「〜しましたか」と過去のことについてたずねる言い方を学ぶよ。会話で相手にしたことをたずねるときに使えるね。

これが大事！ 「〜しましたか」は主語の前に Did を置く！

「〜しましたか」という過去の疑問文は，主語の前に Did を置く。現在の疑問文では，Do と Does を使い分けたが，過去の疑問文は主語が何であっても Did を使う。疑問文では，動詞は過去形ではなくそのままの形（原形）を使う。

Ken played soccer yesterday.
（ケンは昨日サッカーをしました。）

主語の前に Did を置く

Did Ken play soccer yesterday ?
動詞は過去形にしない
（ケンは昨日サッカーをしましたか。）

Did you go to the summer festival ?
（あなたは夏祭りに行きましたか。）

これが大事！ Did 〜? には did を使って答える！

Did 〜? とたずねられたら，まず Yes / No を言い，did を使って答える。

Did you see the movie ?
（あなたはその映画を見ましたか。）

答え方

Yes, I did.
did を使って答える
（はい，見ました。）

didn't は did not の短縮形。答えるときは，ふつう短縮形を使う。

No, I didn't.
did を使って答える
（いいえ，見ませんでした。）

106

練習問題 →解答は別冊 P.12

❶ 次の文を疑問文に書きかえるとき、□□□ に適する語を1語ずつ書きましょう。

(1) They visited Hokkaido last week.

（彼らは先週, 北海道を訪れました。）

□□□ they visit Hokkaido last week?

visit：訪れる

(2) Yuka made a cake yesterday.

（ユカは昨日ケーキを作りました。）

□□□ Yuka make a cake yesterday?

make：作る

❷ 日本文に合うように、□□□ に適する語を1語ずつ書きましょう。

(1) あなたたちは放課後バスケットボールをしましたか。　放課後：after school

　―はい, しました。

□□□ you □□□ basketball after school?

― Yes, we □□□ .

(2) エミは昨日, 図書館へ行きましたか。　図書館：library

　―いいえ, 行きませんでした。

□□□ Emi □□□ to the library yesterday?

― No, she □□□ .

ゼッタイ！これだけ

Did ＋主語＋一般動詞～？

「(主語) は～しましたか」

えっと…

一般動詞の過去の文のまとめ

基本のルール　過去のことを表すときは，動詞を過去形にする

「～しました」と過去にしたことを表すときは，動詞の過去形を使う。否定文・疑問文では do・does の過去形 did を使う。did が過去を表すので，否定文・疑問文では動詞は過去形にしないことに注意する。

これが大事！　一般動詞の過去形

My father cooked curry yesterday.
（私の父は昨日カレーを作りました。）

We went to the museum last Sunday.
（私たちはこの前の日曜日に博物館へ行きました。）

ed をつけて過去形になる規則動詞と，過去形が違う形になる不規則動詞がある。「不規則動詞の変化表」は P.102～ P.103。

一般動詞の過去形は，主語が何でも同じ形を使う。

これが大事！　「～しませんでした」（否定文）

I did not clean my room last week.
（私は先週，自分の部屋をそうじしませんでした。）

Amy didn't come to school yesterday.
（エイミーは昨日，学校に来ませんでした。）

「～しませんでした」という否定文は，didn't [did not] を動詞の前に置くよ。

否定文では，動詞は過去形ではなく原形（そのままの形）を使うことに注意してね。

これが大事! 「〜しましたか」（疑問文）

Did you watch the tennis match last night ?
（あなたは昨夜そのテニスの試合を見ましたか。）

— Yes, I did. （はい, 見ました。）
No, I didn't. （いいえ, 見ませんでした。）

「〜しましたか」という疑問文は Did を主語の前に置くよ。答えるときも did を使うよ。

疑問文でも, 動詞は過去形ではなく**原形（そのままの形）**を使うことに注意してね。

 これが大事! 疑問詞を使う疑問文

What did you do last Sunday ?
（あなたはこの前の日曜日, 何をしましたか。）

— I played tennis. （私はテニスをしました。）

Where did they go yesterday ?
（彼らは昨日, どこへ行きましたか。）

— They went to Yokohama. （彼らは横浜へ行きました。）

When did Meg come to Japan ?
（メグはいつ日本に来ましたか。）

— She came to Japan two months ago.
（彼女は2か月前に日本に来ました。）

疑問詞のあとに, 疑問文の形〈did＋主語＋動詞〜?〉を続ければ, 過去のことについていろいろたずねることができるんだね！

P.12 1 「〜です」を表す英語は am, are, is の3つ, P.14 2 is は「自分と相手以外の人やもの」に使う, P.16 3 are は「複数の人やもの」に使う

36 was, were を使って「〜でした」を表す文

be 動詞の過去の文

なぜ学ぶの？

たとえば, 一般動詞 play の過去形 played を使って「〜しました」と過去にしたことを表せるようになったね。ここでは, be 動詞 (am, are, is) の過去形を使って, 「〜でした」と過去のことを説明する言い方を学ぶよ。

これが大事！ 「〜でした」は was, were で表す！

過去のことについて「〜でした」「(〜に) いました, ありました」と言うときは, be 動詞 (am, are, is) の過去形を使う。am, is の過去形は was, are の過去形は were。

〈現在〉 I <u>am</u> busy today. （私は今日忙しいです。）

〈過去〉 I [was] free yesterday. （私は昨日ひま でした 。）
　　　　 am の過去形は was

〈現在〉 We <u>are</u> good friends. （私たちは親友です。）

〈過去〉 We [were] classmates last year.
　　　　 are の過去形は were
　　　　　　　　　　　　　　　　（私たちは昨年クラスメート でした 。）

〈現在〉 Kei <u>is</u> in Hokkaido now. （ケイは今, 北海道にいます。）

〈過去〉 Kei [was] at home yesterday. （ケイは昨日, 家に いました 。）
　　　　 is の過去形は was

現在　　　　　　　　　　　　　　　　　過去

北海道にいる　　　　　　　　　　　　　家にいた

◆ be 動詞の使い分け

主語	現在形	過去形
I	am	was
you・複数	are	were
I (自分) と you (相手) 以外の単数	is	was

be 動詞は, 現在形も過去形も主語によって使い分ける。

練習問題 →解答は別冊 P.12

① 次の文を過去の文に書きかえるとき, ___ に適する語を書きましょう。

(1) I am sad. (私は悲しいです。) sad：悲しい

I ___ sad at that time. at that time：そのとき

(2) They are in the gym. (彼らは体育館にいます。) gym：体育館

They ___ in the gym yesterday afternoon. yesterday afternoon：昨日の午後

(3) Ms. Green is our English teacher. teacher：先生

(グリーン先生は私たちの英語の先生です。)

Ms. Green ___ our English teacher last year. last year：昨年

② 日本文に合うように, ___ に適する語を1語ずつ書きましょう。

(1) 私の祖父はパティシエでした。 祖父：grandfather　パティシエ：pastry chef

My grandfather ___ a pastry chef.

(2) 私たちは昨日とても疲れていました。 疲れて：tired

___ ___ very tired yesterday.

(3) 今朝はとても寒かった。 今朝：this morning　寒い：cold

It ___ very cold this morning.

さむ〜っ！

ゼッタイ！ これだけ
主語 ＋ was [were] 〜.
「(主語) は〜でした」

どうしても解けない場合は
復習問題WebへGO！

37 was, were を使って 「〜ではありませんでした」「〜でしたか」を表す文
be 動詞の過去の否定文・疑問文

なぜ学ぶの?

be 動詞の過去形は was と were の2つだったよね。ここでは, was や were を使って,「〜ではありませんでした」と否定する文と,「〜でしたか」とたずねる文を学ぶよ。

これが大事! 「〜ではありませんでした」は was [were] のあとに not を入れる!

was [were] のあとに not を入れると否定する文 (否定文) になる。

The movie was　　　interesting. （その映画はおもしろかった。）

was のあとに not を入れる

否定文の作り方は, 現在形 (am, are, is) の場合と同じ。

The movie was [not] interesting.

（その映画はおもしろくあり[ません]でした。）

We were [not] in the classroom then.

（私たちはそのとき教室にい[ません]でした。）

◆短縮形
was not → wasn't　　were not → weren't

これが大事! 「〜でしたか」は was [were] で文を始める!

was [were] で文を始めれば, たずねる文 (疑問文) になる。答えるときも was [were] を使う。疑問文の作り方も, 現在形 (am, are, is) の場合と同じ。

You [were] free yesterday.

were を主語の前に置く　　　　　　（あなたは昨日ひま[でした]。）

[Were] you free yesterday[?] （あなたは昨日ひま[でしたか]。）

答え方

Yes, I was. （はい, ひまでした。）

No, I wasn't [was not]. （いいえ, ひまではありませんでした。）

練習問題 →解答は別冊 P.13

1 次の文を（　）内の指示にしたがって書きかえるとき，　　に適する語を1語ずつ書きましょう。

(1) I was hungry then. （否定文に） hungry：おなかがすいて　then：そのとき

I 　　　　　　　　　　 hungry then.

(2) They were in the music room. （疑問文に） music room：音楽室

　　　　　　　　　　 in the music room?

2 日本文に合うように，　　に適する語を1語ずつ書きましょう。

(1) 私たちは昨日，家にいませんでした。 家に：at home

We 　　　　　　　　　　 at home yesterday.

(2) そのテストはむずかしかったですか。 テスト：test　むずかしい：difficult

　―いいえ，むずかしくありませんでした。

　　　　　　　 the test difficult?

― No, it 　　　　　　 .

(3) あなたはサッカー部に入っていましたか。―はい，入っていました。

　　　　　　 you on the soccer team?

― Yes, I 　　　　　 .

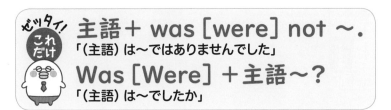

主語 + was [were] not ~.
「(主語) は~ではありませんでした」
Was [Were] + 主語~?
「(主語) は~でしたか」

えへへっ

英語のきまり
be動詞の文
一般動詞の文
canの文
命令文
品詞
いろいろな疑問文
現在進行形の文
過去の文
いろいろな表現
1年生のおさらい

38 〈was [were] ＋動詞の ing 形〉を使って「〜していました」を表す文

過去進行形の文

 なぜ学ぶの?

「(今) 〜しています」という現在進行中の動作を表す言い方は学んだよね (P.88)。ここでは,「(そのとき) 〜していました」と過去に進行中だった動作を表す言い方を学ぶよ。

これが大事! 過去に進行中だった動作は〈was [were] ＋動詞の ing 形〉で表す!

「〜していました」と, 過去のある時点で進行中だった動作は〈be 動詞の過去形 (was, were) ＋動詞の ing 形〉で表す。この動詞の形を過去進行形という。

Kana was playing the piano.

was ＋動詞の ing 形 　　　　（カナはピアノをひいていました。）

Her friends were singing.

were ＋動詞の ing 形

（彼女の友達は歌っていました。）

> was と were の使い分けは 110 ページ, 動詞の ing 形の作り方は88ページで確認しよう!

30分前 ────────────── 今

My mother was cooking lunch.　We are eating lunch.

ちがいはココ

過去進行形　　　　　　　　　　　　　　　　　現在進行形

カレーよ。　お昼なに?

昼食を作っていた

おいし〜。

昼食を食べている

練習問題 →解答は別冊 P.13

① 日本文に合うように，（　　）内から適する語を選び，〇で囲みましょう。

(1) 私はそのとき母を手伝っていました。　そのとき：then　手伝う：help

I （am / was / were）（help / helped / helping）my mother then.

(2) ケンは本を読んでいました。　読む：read

Ken （is / was / were）（read / reads / reading）a book.

(3) 彼らは数学を勉強していました。　数学：math　勉強する：study

They （are / was / were）（study / studied / studying）math.

② 日本文に合うように，　　　に適する語を1語ずつ書きましょう。

(1) ミキはそのとき英語の歌を歌っていました。　英語の：English　歌：song

Miki ＿＿＿＿＿＿＿＿＿ an English song then.

(2) 私の姉はフルートをふいていました。　フルート：flute

My sister ＿＿＿＿＿＿ ＿＿＿＿＿＿ the flute.

(3) 私たちは夕食を食べていました。　夕食：dinner

We ＿＿＿＿＿＿ ＿＿＿＿＿＿ dinner.

主語＋ was [were] ＋動詞の ing 形〜.

「(主語) は〜していました」

どうしても解けない場合は be 動詞の過去の文へ GO! P.110

39 〈was [were] ＋動詞の ing 形〉を使って「～していませんでした」「～していましたか」を表す文

過去進行形の否定文・疑問文

なぜ学ぶの？ 過去に進行中だった動作を表す過去進行形を学んだね。ここでは, 過去進行形を使って「～していませんでした」と否定する文と,「～していましたか」とたずねる文を学ぶよ。

これが大事! 「～していませんでした」は was [were] のあとに not を入れる！

否定文の作り方は, be 動詞の過去の否定文 (P.112) と同じ。

I was studying then. （私はそのとき勉強していました。）

was のあとに not を入れる

I was not studying then. （私はそのとき勉強していませんでした。）

これが大事! 「～していましたか」は was [were] で文を始める！

疑問文の作り方・答え方も, be 動詞の過去の疑問文 (P.112) と同じ。

Aya was running in the park. （アヤは公園で走っていました。）

was を主語の前に置く

Was Aya running in the park? （アヤは公園で走っていましたか。）

– Yes, she was. / No, she wasn't [was not]. （はい, 走っていました。／いいえ, 走っていませんでした。）

疑問詞を使う疑問文は,〈疑問詞＋ was [were] ＋主語＋動詞の ing 形～？〉。

What was Sam doing then? （サムはそのとき何をしていましたか。）

was ＋主語＋動詞の ing 形

– He was listening to music. （彼は音楽を聞いていました。）

練習問題 →解答は別冊 P.13

英語のきまり

be動詞の文

一般動詞の文

canの文

命令文

品詞

いろいろな疑問文

現在進行形の文

過去の文

いろいろな表現

1年生のおさらい

① 次の文を（　）内の指示にしたがって書きかえるとき，　　に適する語を1語ずつ書きましょう。

(1) She was sleeping then. （否定文に）　sleep：眠る

She _____ _____ sleeping then.

(2) They were playing table tennis. （疑問文に）

table tennis：卓球

_____ _____ playing table tennis?

② 日本文に合うように，　　に適する語を1語ずつ書きましょう。

(1) 私たちはそのテニスの試合を見ていませんでした。　テニスの試合：tennis match

We were _____ _____ the tennis match.

(2) リョウタは図書館で勉強していたのですか。—はい，勉強していました。

_____ Ryota _____ in the library?

— Yes, he _____ .

(3) あなたはそのとき何をしていましたか。—私はラジオを聞いていました。

_____ were you _____ then?

— I _____ _____ to the radio.

ゼッタイ！これだけ 主語＋ was［were］not ＋動詞の ing 形～.
「（主語）は～していませんでした」

Was［Were］＋主語＋動詞の ing 形～?
「（主語）は～していましたか」

どうしても解けない場合は過去進行形の文へ GO! P.114
117

過去のことを表すときは，動詞を過去形にする

「〜でした」と過去のことを説明するときは，be 動詞の過去形（was, were）を
使う。was と were は，主語によって使い分ける。

**これが
大事！** be 動詞の過去形は2つ

I was very happy yesterday.

（私は昨日，とても幸せでした。）

We were at home last Sunday.

（私たちはこの前の日曜日，家にいました。）

be 動詞の現在形は3つ（am, are, is）だったけど，
過去形は2つ（was, were）だけだよ。

be 動詞の使い分けは，
110ページで確認してね。

**これが
大事！** 「〜ではありませんでした」（否定文）/「〜でしたか」（疑問文）

I was not busy last week. （私は先週，忙しくありませんでした。）

They were not in the gym. （彼らは体育館にいませんでした。）

Were you sick yesterday？ （あなたは昨日，具合が悪かったのですか。）

－ Yes, I was. （はい，そうです。）

No, I wasn't. （いいえ，ちがいます。）

否定文は，be 動詞（was, were）の
あとに not を入れるよ。

疑問文は，主語の前に be 動詞
（was, were）を置くよ。

これが大事! 「〜していました」は〈主語＋ was [were] ＋動詞の ing 形〜.〉

I was cooking then. （私はそのとき料理をしていました。）
Yuki and Mai were playing tennis yesterday afternoon.
（ユキとマイは昨日の午後テニスをしていました。）

 過去のある時点で進行中だった動作は，be 動詞の過去形（was, were）を使って表すよ。

動詞の ing 形の作り方は88ページで確認してね。

 これが大事! 「〜していませんでした」（否定文）/「〜していましたか」（疑問文）

We were not watching TV then.
（私たちはそのとき，テレビを見ていませんでした。）
Were you listening to music？
（あなたは音楽を聞いていたのですか。）

— Yes, I was. （はい，そうです。）
　No, I wasn't. （いいえ，ちがいます。）

What were you doing in the park？
（あなたは公園で何をしていたのですか。）
— I was walking my dog. （私は犬の散歩をしていました。）

 否定文・疑問文の作り方は，左ページの was [were] の文と同じだったね。

「何をしていましたか」とたずねるときは what を文の先頭に置くよ。

➡解答は別冊 P.14

おさらい問題 32 〜 39

① 日本文に合うように，（　　）内から適する語を選び，〇で囲みましょう。

(1) その女の人は私にとても親切でした。　女の人：woman　親切な：kind

The woman（was / were / is）very kind to me.

(2) マリは昨日，宿題をしませんでした。　（彼女の）宿題をする：do her homework

Mari（don't / doesn't / didn't）do her homework yesterday.

(3) 私たちは図書館で勉強しました。　図書館：library

We（study / studied / studying）in the library.

(4) 私がこのケーキを作りました。　ケーキ：cake

I（make / makes / made）this cake.

(5) あなたはこのコンピュータを使いましたか。―はい，使いました。

（Do / Did / Were）you use this computer?
― Yes, I（do / did / was）.

(6) その本はおもしろかったですか。―いいえ，おもしろくありませんでした。

（Did / Was / Were）the book interesting?
― No, it（didn't / wasn't / weren't）.

(7) 彼らはそこで何をしていましたか。―野球を練習していました。　練習する：practice

What（did / are / were）they doing there?
― They（are / was / were）practicing baseball.

英語のきまり

be動詞の文

一般動詞の文

canの文

命令文

品　詞

いろいろな疑問文

現在進行形の文

過去の文

いろいろな表現

1年生のおさらい

❷　次の文を過去の文に書きかえましょう。

(1) I go to school with Yoko. （私はヨウコと学校へ行きます。）

(2) Is Ms. Brown in the classroom? （ブラウン先生は教室にいますか。）

(3) My mother is cooking lunch. （私の母は昼食を作っています。）

❸　日本文に合うように，　　　　に適する語を1語ずつ書きましょう。

(1) 私たちはこの前の土曜日にバドミントンをしました。　バドミントン : badminton

We 　　　　　 badminton 　　　　　 Saturday.

(2) リサは昨年，テニス部の一員でした。　～の一員 : a member of ～

Lisa 　　　　　 a member of the tennis

team 　　　　　 year.

(3) あなたはそのとき，スキーをしていましたか。—はい，していました。

　　　　　 you skiing then? – Yes, I 　　　　　 .

(4) ボブは先月日本に来たのですか。—いいえ，ちがいます。6か月前に来ました。

　　　　　 Bob come to Japan 　　　　　

month?

– No, he 　　　　　 . He came six months

　　　　　 .

40 「〜に見えます」〈look ＋形容詞〉，「〜に聞こえます」〈sound ＋形容詞〉の文
いろいろな表現①（動詞の look, sound を使った表現）

なぜ学ぶの?
ものや人を説明する形容詞（p.64）を使って，He is busy.「彼は忙しい」と主語を説明することができたよね。ここでは形容詞を使って「彼は忙しそう」と人のようすや人の話などが，自分にはどんなふうに感じるかを表す言い方を学ぶよ。動詞に注目しよう。

これが大事! 「見て」感じることは〈look ＋形容詞〉で表す！

人やものを見て，「〜のように見える」と言うときは〈look ＋形容詞〉で表す。

He **looks** busy. （彼は忙し そうです 。）

Meg **looked** very happy. （メグはとてもうれし そうでした 。）

◆人のようすを表す形容詞
excited わくわくした	sad 悲しい	surprised 驚いた
sick 具合が悪い	sleepy 眠い	tired 疲れて

これが大事! 「聞いて」感じることは〈sound ＋形容詞〉で表す！

人の話などを聞いて，「〜に聞こえる，思える」は〈sound ＋形容詞〉で表す。話の内容などは，ふつう that で表すので，That sounds 〜. の形で使うことが多い。

That **sounds** interesting. （それはおもしろ そうですね 。）

That **sounds** great.. （それはよさ そうだ 。）

> 会話では，That を省略して Sounds great. のように言うこともできる。

◆もののようすなどを表す形容詞
nice よい	good よい
wonderful すばらしい	funny おもしろい
difficult むずかしい	serious 重大な，深刻な

練習問題

→解答は別冊 P.14

1 日本文に合うように，（　　）内から適する語を選び，〇で囲みましょう。

(1) （相手を見て）眠そうだね。　眠い：sleepy

You （are / look / sound） sleepy.

(2) （友達のケイを見て）ケイはうれしそうだね。　うれしい：happy

Kei （is / looks / looked） happy.

(3) （相手の悩みを聞いて）それはたいへんそうだね。

That （is / looks / sounds） serious.

serious：重大な，深刻な

2 日本文に合うように，　　　　に適する語を1語ずつ書きましょう。

(1) （相手を見て）ケンタ，具合が悪そうだね。

You ＿＿＿＿＿＿ ＿＿＿＿＿＿, Kenta.

(2) 私の父は昨日とても疲れているように見えました。

My father ＿＿＿＿＿＿ very ＿＿＿＿＿＿ yesterday.

(3) 公園でランチを食べましょう。— それはよさそうだ。

Let's have lunch in the park.
— That ＿＿＿＿＿＿ ＿＿＿＿＿＿.

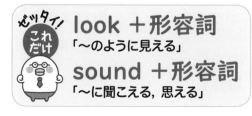

look ＋形容詞
「～のように見える」

sound ＋形容詞
「～に聞こえる，思える」

見えます…

英語のきまり
be動詞の文
一般動詞の文
canの文
命令文
品詞
いろいろな疑問文
現在進行形の文
過去の文
いろいろな表現
1年生のおさらい

41 「…に〜があります [います]」 を表す There is [are] 〜.

いろいろな表現② (There is [are] 〜. の文)

 なぜ学ぶの?

 「(場所) に〜がある [いる]」と, ものがあることや人がいることを表すとき, 英語では特別な表現があるんだ。会話でも書かれた文でもよく使われる表現だから, しっかり覚えよう。

これが大事! 単数は There is 〜. 複数は There are 〜. で表す!

「(場所) に〜があります [います]」は〈There is [are] ＋名詞＋場所.〉で表す。
There のあとは, 名詞が単数 (1つ, 1人) のときは is, 複数 (2つ以上, 2人以上) のときは are を使う。

There is a park near my house.
「1つの公園」 単数　　　　　　　　(私の家の近くに公園があります。)

There are many children in the park.
「たくさんの子どもたち」 複数
(公園にはたくさんの子どもたちがいます。)

これが大事! There is [are] not 〜. で「〜がありません」(否定文)
Is [Are] there 〜? で「〜がありますか」(疑問文) を表す!

There is [are] 〜. の否定文は, is [are] のあとに not を入れる。疑問文は, there の前に is [are] を置いて Is [Are] there 〜? とする。答えるときも there を使う。

There are **not** any eggs in the fridge.
(冷蔵庫に卵が1つもありません。)

Is there a convenience store near here**?**
(この近くにコンビニエンスストアがありますか。)

答え方 Yes, there is. (はい, あります。)
No, there isn't [is not]. (いいえ, ありません。)

124

練習問題 →解答は別冊 P.15

① 日本文に合うように，（　　）内から適する語を選び，○で囲みましょう。

(1) 箱の中にネコがいます。　箱の中に：in the box　ネコ：cat

There （is / are） a cat in the box.

(2) 私の父の部屋には本がたくさんあります。　部屋：room　たくさんの：many

There （is / are） many books in my
father's room.

(3) うちは5人家族です。　家族：family

There （is / are） five people in my family.

people：人々

② 日本文に合うように，　　　　に適する語を1語ずつ書きましょう。

(1) 私たちの学校の近くに古い神社があります。　古い：old　神社：shrine

　　　　　　　　　　　　　　　　an old shrine near

our school.

(2) 部屋にはだれもいません。

There 　　　　　　　　　　　　　　any people in the room.

(3) この近くに郵便局がありますか。—いいえ，ありません。　郵便局：post office

　　　　　　　　　　　　　　　　a post office near here?

— No, 　　　　　　　　　　　　　.

〈There is [are] ＋名詞＋場所.〉
「(場所) に〜があります [います]」

英語のきまり

be動詞の文

一般動詞の文

canの文

命令文

品詞

いろいろな疑問文

現在進行形の文

過去の文

いろいろな表現

1年生のおさらい

42 「なんて〜なのでしょう」を表す〈How 〜!〉〈What 〜!〉

いろいろな表現③（how, what を使った表現）

なぜ学ぶの？

驚いたり，感動したりしたとき「なんて〜なんだろう」と言うことがあるよね。そんなとき，英語では2つの表しかたがあるんだ。どちらも，形容詞（ものの状態や人のようすなどを表す語）を使うよ。驚きや感動をいろいろ英語で表すことができるようになるよ！

「なんて〜なのでしょう」は How 〜!

「なんて〜なのでしょう」と驚きや感動を表すときは〈How ＋形容詞 !〉を使う。
文の最後には，ピリオド (.) ではなくエクスクラメーションマーク (!) をつける。

How cute!
（なんて かわいい のでしょう。）

How difficult!
（なんて むずかしい のでしょう。）

◆いろいろな形容詞

big 大きい	cool かっこいい	small 小さい
smart 頭がいい	easy 簡単な	kind 親切な
delicious おいしい	interesting おもしろい	

「なんて〜な…なのでしょう」は What 〜!

「なんて〜な…なのでしょう」と言うときは〈What a [an] ＋形容詞＋名詞 !〉で表す。
複数のもの [人] について言うときは〈What ＋形容詞＋名詞〔複数形〕!〉とする。

What a cute baby!
（なんて かわいい赤ちゃん なのでしょう。）

What beautiful flowers!
〔複数形〕

（なんて きれいな花 なのでしょう。）

練習問題 →解答は別冊 P.15

① 日本文に合うように，（　　）内から適する語を選び，〇で囲みましょう。

(1) なんて頭がいいのでしょう。　頭がいい：smart

　（How / What） smart!

(2) なんて古い建物なのでしょう。　古い：old　建物：building

　（How / What） an old building!

(3) なんてむずかしい質問なのでしょう。　むずかしい：difficult　質問：question(s)

　（How / What） difficult questions!

② 日本文に合うように，　　　に適する語を１語ずつ書きましょう。

(1) なんておいしいのでしょう。

　　　　　　　　　　　　　!

> 左のページの
> 「◆いろいろな形容詞」を
> 見ながら答えよう！

(2) なんて親切な人なのでしょう。　人：person

　　　　　　a　　　　　　person!

(3) なんておもしろい本なのでしょう。

　　　　　　an　　　　　　book!

ゼッタイ！これだけ How ＋形容詞！
「なんて～なのでしょう」

What a[an]＋形容詞＋名詞！
「なんて～な…なのでしょう」

1年生のおさらい①

ここにあるのは，各単元の主な英文です。 **1**, **2**, **3**, …は単元を表しています。

1 「〜です」を表す英語は am, are, is の3つ
2 is は「自分と相手以外の人やもの」に使う
3 are は「複数の人やもの」に使う　　　　　→ **P.12〜P.17** be 動詞の使い分け

I am Yuki. （私はユキ です 。）
Meg is my classmate. （メグは私のクラスメート です 。）
We are soccer fans. （私たちはサッカーファン です 。）

> be 動詞 (am, are, is) は主語によって使い分ける。
> I → am　　　You・複数 → are
> I（自分）と You（相手）以外の単数 → is

4 am, are, is を使って「〜ではありません」と否定する文
5 am, are, is を使って「〜ですか」とたずねる文　→ **P.18〜P.21** be 動詞の否定文・疑問文

I am not hungry. （私はおなかがすいていま せん 。）
Is she your friend? （彼女はあなたの友達 ですか 。）

> 否定文は be 動詞のあとに not。
> 疑問文は be 動詞を主語の前に置く。

6 「〜します」を表す文に使う動詞
7 do を使って「〜しません」と否定する文
8 do を使って「あなたは〜しますか」とたずねる文　→ **P.26〜P.31** 一般動詞の文・否定文・疑問文

I play tennis. （私はテニス をします 。）
I do not have any pets. （私はペットを飼ってい ません 。）
Do you like animals? （あなたは動物が好き ですか 。）

> be 動詞以外の動詞はすべて一般動詞。
> 否定文・疑問文は do を使って作る。

⑨ 自分と相手以外の人が「〜します」を表す文の動詞
⑩ does を使って「〜しません」と否定する文
⑪ does を使って「〜しますか」とたずねる文

→ P.32〜P.37 一般動詞の文・否定文・疑問文（3人称単数現在）

Aya plays tennis. （アヤはテニスをします。）

Ryo does not play soccer. （リョウはサッカーをしません。）

Does your father cook?

（あなたのお父さんは料理をしますか。）

「3人称単数」は、I（自分）・You（相手）以外の「1人の人［1つのもの］」。
主語が3人称単数のとき、動詞に (e)s をつける。
否定文・疑問文は、do ではなく does 使って作る。

⑫ 「〜できます」を表す can
⑬ can を使って「〜できません」「〜できますか」を表す文

→ P.42〜P.45 助動詞 can・否定文・疑問文

I can speak English. （私は英語を話すことができます。）

My brother cannot swim.

（私の弟は泳ぐことができません。）

Can Meg read Japanese?

（メグは日本語を読むことができますか。）

「〜できます」は can を使って表す。
否定文は cannot［can't］を使う。
疑問文は can を主語の前に置く。

⑮ 「〜しなさい」「〜してください」を表す文
⑯ 「〜してはいけません」「〜しましょう」を表す文

→ P.50〜P.53 命令文

Close the door. （ドアを閉めなさい。）

Be quiet. （静かにしなさい。）

Don't take pictures here.

（ここで写真をとってはいけません。）

Let's play tennis tomorrow.

（明日テニスをしましょう。）

人に指示をするときは、動詞で文を始める。
「〜してはいけません」は Don't 〜.
「〜しましょう」は Let's 〜. で表す。

1年生のおさらい問題①

❶ 日本文に合うように，（　　）内から適する語を選び，○で囲みましょう。

(1) 私はニュージーランド出身です。　ニュージーランド：New Zealand

I （am / are / is） from New Zealand.

(2) ジュンと私はテニス部に入っています。　テニス部：tennis team

Jun and I （am / are / is） on the tennis team.

(3) 私の弟は野菜が好きではありません。　野菜：vegetable(s)

My brother （isn't / don't / doesn't） like
vegetables.

(4) キング先生は私たちの先生ではありません。　私たちの：our

Mr. King （is / do / does） not our teacher.

❷ 日本文に合うように，　　　　に適する語を１語ずつ書きましょう。

(1) 私は毎日英語を勉強します。　英語：English

I 　　　　　English 　　　　　 day.

(2) アユミは放課後バドミントンをします。　バドミントン：badminton

Ayumi 　　　　　 badminton 　　　　　 school.

(3) 心配しないで，お父さん。　心配する：worry

　　　　　worry, Dad.

(4) ここで写真をとりましょう。　ここで：here　写真をとる：take a picture

　　　　　take a picture here.

❸ 次の文を（　　）内の指示にしたがって書きかえましょう。

(1) This is your umbrella. (疑問文に) umbrella：かさ

(2) They practice soccer on Saturdays. (疑問文に)
practice：練習する

(3) My father has a car. (否定文に) car：自動車

(4) Meg can read *kanji*. (否定文に) read：読む

❹ 日本文に合うように，（　　）内の語句を並べかえて英文を作りましょう。ただし，使わない語が1語ずつ入っています。文の最初にくる語は大文字で書き始めましょう。

(1) 私はペットを飼っていません。 ペット：pet(s)

　　(doesn't / have / I / any pets / don't).

(2) 彼女は日本語を話しますか。 日本語：Japanese　話す：speak

　　(she / is / Japanese / does / speak)?

(3) あなたはピアノをひくことができますか。 ピアノ：piano

　　(the piano / you / play / are / can)?

131

1年生のおさらい②

ここにあるのは，各単元の主な英文です。㉙, ㉚, ㉛, …は単元を表しています。

㉙「(今) 〜しています」を表す〈be 動詞＋動詞の ing 形〉
㉚「(今) 〜していません」を表す〈be 動詞＋ not ＋動詞の ing 形〉
㉛「(今) 〜していますか」を表す〈be 動詞＋主語＋動詞の ing 形〜?〉

➡ P.88〜P.93 現在進行形の文・否定文・疑問文

I am studying math now. (私は今, 数学を勉強しています。)

We are not watching TV. (私たちはテレビを見ていません。)

Is Aya studying now? (アヤは今, 勉強していますか。)

What is Sam doing now? (サムは今, 何をしていますか。)

> 進行中の動作は〈be 動詞 (am, are, is) ＋動詞の ing 形〉で表す。
> 否定文・疑問文の作り方は, be 動詞の文と同じ。

㉜㉝「〜しました」という過去の文①②
㉞ did を使って「〜しませんでした」と否定する文
㉟ did を使って「〜しましたか」とたずねる文

➡ P.98〜P.107 一般動詞の過去の文・否定文・疑問文

I played tennis yesterday. (私は昨日テニスをしました。)

I went to school by bike yesterday.

(私は昨日, 自転車で学校へ行きました。)

I did not play tennis yesterday.

(私は昨日テニスをしませんでした。)

Did you go to the summer festival?

(あなたは夏祭りに行きましたか。)

> 過去の文は, 動詞の過去形で表す。一般動詞の過去形には,
> ed をつけるものと, それぞれ違う形になるものがある。
> 否定文・疑問文では, 動詞を過去形にしないように注意。

英語のきまり

be動詞の文

一般動詞の文

canの文

命令文

品詞

いろいろな疑問文

現在進行形の文

過去の文

いろいろな表現

1年生のおさらい

36 was, were を使って「～でした」を表す文
37 was, were を使って「～ではありませんでした」「～でしたか」を表す文

→ P.110～P.113 be動詞の過去の文・否定文・疑問文

We were classmates last year.

（私たちは昨年クラスメートでした。）

The movie was not interesting.

（その映画はおもしろくありませんでした。）

Were you free yesterday❓ （あなたは昨日ひまでしたか。）

be動詞（am, are, is）の過去形は was と were の2つ。
am・is → was　　are → were

38 〈was[were]＋動詞の ing 形〉を使って「～していました」を表す文
39 〈was[were]＋動詞の ing 形〉を使って「～していませんでした」「～していましたか」を表す文

→ P.114～P.117 過去進行形の文・否定文・疑問文

Kana was playing the piano. （カナはピアノをひいていました。）

I was not studying then.

（私はそのとき勉強していませんでした。）

Was Aya running in the park❓

（アヤは公園で走っていましたか。）

現在進行形〈be動詞（am, are, is）＋動詞の ing 形〉の
be動詞を過去形（was, were）にすれば、過去進行形になる。
否定文・疑問文の作り方は、be動詞の文と同じ。

40 「～に見えます」〈look ＋形容詞〉、「～に聞こえます」〈sound ＋形容詞〉の文
41 「…に～があります［います］」を表す There is［are］～.
42 「なんて～なのでしょう」を表す〈How ～!〉〈What ～!〉

→ P.122～P.127 いろいろな表現

He looks busy. （彼は忙しそうです。）

There is a park near my house.

（私の家の近くに公園があります。）

How cute❗ （なんてかわいいのでしょう。）

➡解答は別冊 P.16

1年生のおさらい問題②

❶ 日本文に合うように, ( ) 内から適するものを選び, ○で囲みましょう。

(1) 私たちは今, テレビを見ていません。　見る：watch

We (are / were / do) not watching TV now.

(2) あなたたちは昨日, どこへ行きましたか。　行く：go

Where (are / do / did) you go yesterday?

(3) 彼女はそのとき音楽を聞いていました。　聞く：listen

She was (listen / listening / listened) to music then.

(4) マサトはあそこで何をしているのですか。　あそこで：over there

What (was / is / does) Masato doing over there?

❷ 日本文に合うように, 　　　　に適する語を1語ずつ書きましょう。

(1) ケビンは今, サッカーをしています。　サッカー：soccer

Kevin ＿＿＿＿＿ ＿＿＿＿＿ soccer now.

(2) 私は昨夜, 理科を勉強しました。　理科：science

I ＿＿＿＿＿ science ＿＿＿＿＿ night.

(3) アンは3年前に日本に来ました。　3年：three years

Ann ＿＿＿＿＿ to Japan three years ＿＿＿＿＿.

(4) このマンガ本はおもしろくありませんでした。　マンガ本：comic book

This comic book ＿＿＿＿＿ ＿＿＿＿＿ interesting.

❸ 次の文を，過去の文に書きかえましょう。

(1) We are good friends. good friend(s)：親友

(2) I go to school with my sister. with～：～といっしょに

(3) I am doing my homework. do my homework：（私の）宿題をする

❹ 日本文に合うように，（　　）内の語句を並べかえて英文を作りましょう。
文の最初にくる語は大文字で書き始めましょう。

(1) 私は今朝，朝食を食べませんでした。 今朝：this morning　朝食：breakfast

(breakfast / didn't / I / this morning / have).

(2) 彼女はテレビで何を見ていましたか。 テレビで：on TV

(she / was / on TV / what / watching)？

(3) あなたは先週ケイに会いましたか。 先週：last week　会う：see

(you / Kei / see / last week / did)？

(4) 私たちの町には有名なお城があります。 町：town　有名な：famous　城：castle

(our town / is / in / there / a famous castle).

英語のきまり

be動詞の文

一般動詞の文

canの文

命令文

品　詞

いろいろな
疑問文

現在進行形の文

過去の文

いろいろな表現

1年生の
おさらい

スタッフ

編集協力	有限会社編集室ビーライン
校正・校閲	秋山安弘　石川道子　敦賀亜希子　山本知子
	株式会社東京出版サービスセンター
英文校閲	Jason Andrew Chau
本文デザイン	TwoThree
カバーデザイン	及川真咲デザイン事務所（内津剛）
組版	株式会社ユニックス
イラスト	小林由枝（熊アート）　福田真知子（熊アート）
	角愼作
録音	ユニバ合同会社
ナレーション	Jenny Skidmore　Ryan Drees　小谷直子

とってもやさしい

中1英語

これさえあれば

授業がわかる

改訂版

解答と解説

旺文社

be 動詞の文

1 「〜です」を表す英語は am, are, is の3つ

→ 本冊13ページ

❶ (1)am (2)are (3)am (4)are

解説 (1)(3)「〜です」を表す語は，主語が I「私は
[ぼくは]」のときは am を使います。
(2)(4) 主語が You「あなたは [きみは]」のときは
are を使います。

❷ (1)I am (2)You are (3)I am

解説 (1)「私は〜です」は I am 〜. で表します。
(2)「きみは〜です」は You are 〜.。
(3) 自分の出身地を言うときは〈I am [I'm] from ＋
出身地 .〉で表します。

2 is は「自分と相手以外の人やもの」に使う

→ 本冊15ページ

❶ (1)is (2)is (3)is

解説 (1)(2)「〜です」を表す語は，主語が Mr.
Smith, He「彼は」のように，I（自分）と You（相
手）以外の1人の人のときは is を使います。
(3)「こちらは〜です」と人を紹介するときは This is
〜. で表します。

❷ (1)is (2)This is
    (3)is (4)She is

解説 (1)(3) 主語が My sister「私の妹」，Aya な
ので，「〜です」は is を使います。
(2)「これは〜です」は This is 〜.。
(4)「彼女は〜です」は She is 〜.。

3 are は「複数の人やもの」に使う

→ 本冊17ページ

❶ (1)are (2)are

解説 「〜です」を表す語は，主語が複数（2人以上
の人）のときは are を使います。

❷ (1)We are (2)are
    (3)are   (4)They are

解説 (1)「私たちは〜です」は We are 〜.。
(2) 主語が Liz and Mako と2人なので，「〜です」は
are を使います。
(3)(4)they は「彼らは，彼女たちは」という意味で，
自分や相手を含まない複数の人を指します。複数
のものを指して「それらは」というときにも使います。
they が主語のとき，「〜です」は are を使います。

4 am, are, is を使って「〜ではありません」と否定する文

→ 本冊19ページ

❶ (1)am not (2)is not (3)is not

解説 「（主語）は〜ではありません」は，be 動詞
(am, are, is) のあとに not を入れます。be 動詞
は主語に合わせて，(1)I → am, (2)Kenta → is,
(3)That → is を使います。

❷ (1)are not busy
    (2)I'm not a good singer.

解説 「（主語）は〜ではありません」は〈主語＋ am
[are / Is] not 〜.〉で表します。
(2)I'm は I am の短縮形。I'm not 〜. で「私は〜で
はありません」を表します。

5 am, are, is を使って「〜ですか」とたずねる文

→ 本冊21ページ

❶ (1)Are you from
    (2)Is he your brother?

解説 「（主語）は〜ですか」は〈Are [Is] ＋主語〜
?〉で表します。
(1)「あなたは〜ですか」は Are you 〜?。
(2)「彼は〜ですか」は Is he 〜?。

❷ (1)Are / am (2)Is / is
    (3)Is / isn't

解説 (1)Are you 〜?「あなたは〜ですか」には，
Yes, I am. / No, I'm [I am] not. で答えます。
(2) 主語が that なので is を使います。Is that 〜?
「あれは〜ですか」には，Yes, it is. / No, it isn't
[is not]. または No, it's not. で答えます。that
「あれは」は答えの文では it「それは」になります。
(3) 主語が your father なので is を使います。〈Is ＋
主語〜?〉には is を使って答えます。your father

「あなたのお父さん」は，答えの文では he「彼は」になります。

おさらい問題 1 ～ 5

⇒ 本冊 24～25ページ

❶ (1)am　(2)is
　(3)are　(4)is

解説 be 動詞（am, are, is）は，主語が I → am，You・複数 → are，それ以外 → is を使います。

❷ (1)am not　(2)Is he
　(3)We are

解説 (1)be 動詞の否定文は，be 動詞のあとに not を入れます。I am not ～. で「私は～ではありません」。
(2)be 動詞の疑問文は，be 動詞を主語の前に置きます。Is he ～? で「彼は～ですか」。
(3)We「私たちは」は複数なので，am ではなく are を使います。We are ～. で「私たちは～です」。

❸ (1)Are / I am
　(2)Is / is not
　(3)Is / isn't

解説 (1)「あなたは～ですか」は Are you ～?。Yes, I am. / No, I'm [I am] not. で答えます。
(2) 主語が Ms. Tanaka なので is を使います。〈Is ＋主語～?〉には is を使って答えます。Ms. は，女性に使う敬称で「～さん，～先生」という意味。Ms. Tanaka は答えの文では she「彼女は」になります。
(3)「これは～ですか」は Is this ～?。Yes, it is. / No, it isn't [is not]. または No, it's not. で答えます。this「これは」は答えの文では it「それは」になります。

❹ (1)My father is a pilot.
　(2)Is she your sister?
　(3)and I are good friends

解説 (2)「彼女は～ですか」は Is she ～?。
(3)「A と B」は A and B で表します。A and B が主語のとき，「～です」は are を使います。

一般動詞の文

6 「～します」を表す文に使う動詞

⇒ 本冊 27ページ

❶ (1)like　(2)play

解説 (1)「～が好きである」は like。
(2)「(楽器)を演奏する，ひく」は〈play the ＋楽器〉。楽器名の前には the をつけます。

❷ (1)They play soccer
　(2)I like music
　(3)We study science

解説 (2)「～が大好きである」は like ～ very much。
(3)「～を勉強する」は study。

7 do を使って「～しません」と否定する文

⇒ 本冊 29ページ

❶ (1)do not　(2)do not　(3)don't

解説 play, like など，be 動詞（am, are, is）以外の動詞（一般動詞）を使った文の否定文は，動詞の前に don't [do not] を入れます。

❷ (1)do, like　(2)not play
　(3)don't　(4)don't know

解説 (3)「(言語)を話す」は speak。
(4)「～を知っている」は know。

8 do を使って「あなたは～しますか」とたずねる文

⇒ 本冊 31ページ

❶ (1)Do　(2)Do, like

解説 play, like など，be 動詞（am, are, is）以外の動詞（一般動詞）を使った文の疑問文は，主語の前に Do を置きます。〈Do you ＋一般動詞～?〉で「あなたは～しますか」という意味になります。

❷ (1)Do / do
　(2)Do you / don't
　(3)Do you have / I do

解説　「あなたは〜しますか」は〈Do you ＋一般動詞〜?〉。Yes, I do. / No, I don't [do not]. で答えます。

(3)「〜を飼っている」は have で表します。have には「〜を持っている」「〜を食べる, 飲む」などの意味もあります。

9　自分と相手以外の人が「〜します」を表す文の動詞

➡ 本冊33ページ

❶ (1)plays　(2)goes

解説　主語が Meg, My grandmother「私の祖母」のように, I（自分）と You（相手）以外の1人の人（3人称単数）のとき, 一般動詞の形がかわります。
(1) ふつうは動詞の終わりに s をつけます。play → plays となります。
(2)go のように, o で終わる動詞には es をつけます。go → goes となります。

❷ (1)likes / has　(2)watches
　　(3)studies

解説　いずれも主語が3人称単数なので, 動詞の形をかえて使います。
(1)「〜が好きである」は like → likes。「〜を持っている」は have。have は, s や es をつけるのではなく has という形に変化します。
(2)「〜を見る」は watch。ch や sh で終わる動詞には es をつけます。watch → watches。
(3)「〜を勉強する」は study。study は, y を i にかえて es をつけます。study → studies。

10　does を使って「〜しません」と否定する文

➡ 本冊35ページ

❶ (1)does not　(2)doesn't
　　(3)doesn't like

解説　いずれも主語が3人称単数。主語が3人称単数のとき,「（主語）は〜しません」という否定文は〈主語＋ doesn't [does not]＋一般動詞〜.〉で表します。
(3) 否定文では, 動詞は (e)s などをつけないそのままの形（原形）を使います。like に s をつけないように注意しましょう。

❷ (1)does not　(2)does, like
　　(3)doesn't play

解説　いずれも主語が3人称単数の文です。否定文にするときは, 一般動詞の前に doesn't [does not] を置き, 動詞を (e)s などのつかないそのままの形（原形）にもどします。(1)eats → eat, (2) likes → like, (3)plays → play。

11　does を使って「〜しますか」とたずねる文

➡ 本冊37ページ

❶ (1)Does　(2)Does, like

解説　どちらも主語が3人称単数。主語が3人称単数のとき,「（主語）は〜しますか」という疑問文は〈Does ＋主語＋一般動詞〜?〉で表します。
(2) 疑問文では, 動詞は (e)s などをつけないそのままの形（原形）を使います。like に s をつけないように注意しましょう。

❷ (1)Does / does
　　(2)Does / doesn't
　　(3)Does, cook / he does

解説　いずれも主語が3人称単数なので, 疑問文は Does を使って作ります。〈Does ＋主語＋一般動詞〜?〉には does を使って答えます。
(2)does not の短縮形は doesn't。
(3) 疑問文では動詞は原形です。cooks としないように注意しましょう。your father「あなたのお父さん」は, 答えの文では he「彼は」になります。

おさらい問題　6 〜 11

➡ 本冊40〜41ページ

❶ (1)watch　(2)play　(3)has
　　(4)goes　(5)likes　(6)studies

解説　(1)「テレビで〜を見る」は watch 〜 on TV。
(2)「（スポーツ）をする」は〈play ＋スポーツ〉。主語が複数なので, 動詞の形はかえません。
(3)〜(6) 主語が3人称単数なので, 動詞の形をかえて使います。
(3)「〜を持っている」は have → has。
(4)「〜へ行く」は go to 〜。go → goes。
(5)「〜が大好きである」は like 〜 very much。

like → likes。

(6)「～を勉強する」は study → studies。

❷ (1) Do / Yes, do
(2) Does / doesn't

解説 (1) 主語が you なので, 疑問文は Do を主語の前に置きます。Do ～? には do を使って答えます。
(2) 主語が Emma（3人称単数）なので, 疑問文は Does を主語の前に置きます。Does ～? には does を使って答えます。

❸ (1) I don't have a computer.
(2) My mother doesn't like sports.
(3) Does Bill play the piano?
(4) Do you go to

解説 (1)「私は～しません」という否定文は, 〈I don't ＋一般動詞～.〉で表します。
(2) 主語が my mother（3人称単数）の否定文。〈主語＋ doesn't ＋一般動詞～.〉で表します。
(3) 主語が Bill（3人称単数）の疑問文。〈Does ＋主語＋一般動詞～?〉で表します。
(4)「あなた（たち）は～しますか」は, 〈Do you ＋一般動詞～?〉で表します。

---

can の文

---

12 「～できます」を表す can

➡ 本冊43ページ

❶ (1) can speak (2) can play

解説 「～することができます」は〈can ＋動詞〉で表します。
(1)「（言語）を話す」は speak。
(2)「（楽器）を演奏する, ひく」は〈play the ＋楽器〉。

❷ (1) can play tennis
(2) can sing well
(3) can ride a unicycle

解説 「（主語）は～することができます」は〈主語＋can ＋動詞～.〉で表します。can を使う文は, 主語が (2) Yui, (3) My brother のように3人称単数でも形はかわりません。

13 can を使って「～できません」「～できますか」を表す文

➡ 本冊45ページ

❶ (1) cannot [can't] swim
(2) Can, read / can / can't [cannot]

解説 (1)「私は～することができません」は〈I cannot [can't] ＋動詞～.〉で表します。「泳ぐ」は swim。
(2)「あなたは～することができますか」は〈Can you ＋動詞～?〉で表します。「～を読む」は read。Can you ～? には, Yes, I can. / No, I can't [cannot]. で答えます。

❷ (1) can't use a computer
(2) Can Jim play

解説 (1)「（主語）は～することができません」は〈主語＋ can't ＋動詞～.〉で表します。
(2)「（主語）は～することができますか」は〈Can ＋主語＋動詞～?〉で表します。

14 can を使って「～してくれますか」「～してもいいですか」を表す文

➡ 本冊47ページ

❶ (1) you (2) I

解説 (1)「～してくれますか」と相手にお願いするときは, Can you ～? で表します。
(2)「～してもいいですか」と許可を求めるときは, Can I ～? で表します。

❷ (1) Can you call
(2) Can I eat this pudding?
(3) Can you help me

解説 (1)(3) 相手にお願いする文。〈Can you ＋動詞～?〉で表します。
(2) 許可を求める文。〈Can I ＋動詞～?〉で表します。
(3) help は「～を手伝う, 助ける」という意味。「（私の）宿題を手伝う」は, help me with my homework と言います。help my homework とは言わないので注意しましょう。

命令文

15 「〜しなさい」「〜してください」を表す文
➡ 本冊51ページ

❶ (1)Look　(2)write　(3)Be

解説 いずれも主語がなく，動詞で始まる命令文です。命令文の動詞は，そのままの形（原形）を使います。
(1)Look at 〜. で「〜を見なさい，〜を見て（ごらん）」という意味です。
(2)please をつけると，ていねいな言い方になります。「ここにあなたの名前を書いてください」という文になります。
(3)careful は「慎重な，注意深い」という状態を表す語です。「〜でありなさい」と状態を指示するときは，be を使います。Be careful. で「慎重でありなさい，注意してね，気をつけて」といった意味になります。

❷ (1)wash　(2)Please　(3)Be quiet　(4)wait

解説 (1)「〜を洗う」は wash。
(2)「〜してください」は please を使って表します。
(3)動作や行動ではなく，quiet「静かな」という状態を指示するときは be を使います。
(4)「待つ」は wait。

16 「〜してはいけません」「〜しましょう」を表す文
➡ 本冊53ページ

❶ (1)Don't　(2)Don't be　(3)Let's go

解説 (1)(2)「〜してはいけません，〜しないで」は〈Don't ＋動詞〜.〉で表します。
(2)afraid は「怖がって，恐れて」という状態を表す語なので，be を使います。
(3)「〜しましょう」は〈Let's ＋動詞〜.〉で表します。

❷ (1)Don't　(2)Let's have [eat]　(3)Don't play

解説 (1)(3)「〜しないで，〜してはいけません」は〈Don't ＋動詞〜.〉。

(2)「〜しましょう」は〈Let's ＋動詞〜.〉。

おさらい問題 12 〜 16
➡ 本冊54〜55ページ

❶ (1)can play　(2)can sing
(3)Can, cook [make] / I can
(4)cannot [can't] eat　(5)Look
(6)Be / Don't　(7)Can, use

解説 (1)(2)「（主語）は〜することができます」は〈主語＋ can ＋動詞〜.〉で表します。主語が（2）Nana（3人称単数）でも形はかわりません。
(3)「あなたは〜することができますか」は〈Can you ＋動詞〜?〉で表します。Can you 〜? には，Yes, I can. / No, I can't [cannot]. で答えます。
(4)「（主語）は〜することができません」は〈主語＋cannot [can't] ＋動詞〜.〉で表します。
(5)「〜して」と相手に指示をするときは，動詞で文を始めます。「〜を見る」は look at 〜。
(6)careful「慎重な，注意深い」という状態を指示するときは be を使います。「〜してはいけません」は〈Don't ＋動詞〜.〉。
(7)「〜してもいいですか」と許可を求めるときは，〈Can I ＋動詞〜?〉で表します。

❷ (1)Can you　(2)can't　(3)Can I　(4)Be

解説 (1)「〜してくれますか」と相手にお願いするときは，Can you 〜? で表します。
(2)「〜できない」は can't 〜。
(3)「〜してもいいですか」と許可を求めるときは，Can I 〜? で表します。
(4)kind「親切な，やさしい」という状態を指示するときは be を使います。

❸ (1)Can you come
(2)clean your room
(3)Let's study in the library

解説 (1)相手にお願いする文。〈Can you ＋動詞〜?〉で表します。
(2)「〜しなさい」と相手に指示をする命令文。動詞で文を始めます。Masato は主語ではなく呼びかけの語。

(3)「〜しましょう」は〈Let's ＋動詞〜.〉で表します。

品詞

---

17 「私の」「あなたの」などを表す語

→ 本冊57ページ

❶ (1)my　(2)your
　　(3)brother's　(4)his

解説 (1)「私の〜」は my 〜。
(2)「あなたの〜」は your 〜。
(3)「私の兄の〜」は my brother's 〜。「兄の」は
　brother に〈's〉をつけて表します。
(4)「彼の〜」は his 〜。

❷ (1)That is our school.
　　(2)Her mother is a vet.

解説 (1)「あれは〜です」は That is 〜. で表します。
「私たちの〜」は our 〜。
(2)「彼女の〜」は her 〜。her mother が主語になり
ます。

18 「私を」「あなたを」などを表す語

→ 本冊59ページ

❶ (1)me　(2)him　(3)us　(4)you

解説 (1)「ぼくを」は me。Please call me 〜. で
「ぼくを〜と呼んでください」。
(2)「彼を」は him。
(3)「私たちといっしょに」は with us。us は「私たちを
[に]」という意味。with のあとは「〜を」の形を使
います。
(4)「あなたを」は you。

❷ (1)I don't know them.
　　(2)go shopping with her

解説 (1)動詞 know「知っている」のあとに them
「彼らを」を置きます。
(2)「彼女と（いっしょに）」は with her。この her は
「彼女を[に]」という意味。her は「彼女の〜」と
言うときにも使います。

19 「もの」や「人」を表す語の形

→ 本冊63ページ

❶ (1)a / an　(2)a [one], brothers
　　(3)hamburgers

解説 (1)ものが1つ（単数）のときは，名詞に a を
つけます。egg のように，母音（日本語の「アイウ
エオ」に似た音）で始まる名詞には，a ではなく
an をつけます。a [an] は，「1つの，1人の」とい
う意味ですが，ふつう日本語では表しません。
(2)sister「姉」は「1人」なので，a をつけます。この
文の場合は，one と数で表すこともできます。
brother「弟」は「2人」なので，複数を表す形
brothers にします。複数を表す形（複数形）は，
名詞の終わりに s をつけます。
(3)「4つ」なので複数形 hamburgers にします。

❷ (1)books　(2)boxes　(3)libraries
　　(4)countries　(5)children

解説 いずれも，ten「10の」や many「たくさんの」
など，複数を表す語句があるので複数形にします。
(1)複数形はふつう，名詞の終わりに s をつけます。
book → books。
(2)x で終わる名詞には es をつけます。box →
boxes。
(3)(4)library や country は，y を i にかえて es を
つけます。library → libraries, country →
countries。
(5)child の複数形は children という形に変化します。

20 「もの」や「人」を
くわしく説明する語

→ 本冊65ページ

❶ (1)new　(2)easy
　　(3)busy　(4)famous

解説 (1)「新しい」は new。
(2)「簡単な」は easy。
(3)「忙しい」は busy。
(4)「有名な」は famous。

❷ (1)is a kind girl
　　(2)This game is not interesting.

解説 (1)「親切な女の子」は a kind girl。形容詞
(kind) は名詞 (girl) のすぐ前に置きます。

(2) 形容詞 (interesting) は, 主語 (This game) を説明するときは be 動詞 (is) のあとに置きます。

21 「〜する」をくわしく説明する語

→ 本冊 67ページ

❶ (1)well　(2)very much
　(3)often　(4)sometimes

解説 (1)「上手に」は well。
(2)「〜が大好きである」は like 〜 very much。
(3)「よく, たびたび」は often。
(4)「ときどき」は sometimes。

❷ (1)studies English every day
　(2)I usually eat cereal

解説 (1)「毎日」は every day。ふつう, 文の最後に置きます。
(2)usually「たいてい」は, 一般動詞 eat の前に置きます。

22 場所や時を表すときに使う語

→ 本冊 69ページ

❶ (1)in　(2)on　(3)at

解説 (1)「公園で」は in the park。
(2)「金曜日に」は on Friday(s)。曜日を表すときは on を使います。
(3)「駅で」は at the station。

❷ (1)in　(2)on　(3)in　(4)at

解説 (1)「〜に住んでいる」は live in 〜。
(2)「テーブルの上にある」は on the table。
(3)「夏に」は in summer。季節を表すときは in を使います。
(4)「5時に」は at five。時刻を表すときは at を使います。

23 ことばとことばをつなぐ語 (and と or)

→ 本冊 71ページ

❶ (1)and　(2)or　(3)or

解説 (1)「A と B」は A and B で表します。
(2)(3)「A それとも B, A か B」は A or B。

❷ (1)Maya and I are
　(2)like summer or winter

解説 (1)「A と B」は A and B。A and B が主語のとき, 「〜です」は are を使います。
(2)「A それとも B」は A or B で表します。

おさらい問題 17 〜 23

→ 本冊 72〜73ページ

❶ (1)her　(2)him　(3)mine
　(4)at　　(5)well

解説 (1)「彼女の〜」は her 〜。
(2)「彼を」は him。
(3) あとに名詞がないので mine「私の (もの)」。my のあとには必ず名詞が必要です。
(4)「〜時に」と時刻を表すときは at を使います。
(5)「上手に」は well。

❷ (1)books　(2)classes
　(3)father's

解説 (1)「たくさん」なので, 名詞を複数形 books にします。
(2)「5時間」なので, 名詞を複数形 classes にします。s で終わる名詞には es をつけます。
(3)「父の」は father に〈's〉をつけて表します。

❸ (1)My uncle lives in Okinawa.
　(2)His computer is old.
　(3)This is not an easy question.

解説 (1)「〜に住んでいる」は live in 〜。
(2) 主語 (His computer) を説明する形容詞 (old) は, be 動詞 (is) のあとに置きます。
(3) 形容詞 (easy) は名詞 (question) のすぐ前に置きます。

❹ (1)a dog and two birds
　(2)Is this bag yours or Kenta's?
　(3)often go to school with her

解説 (1)「A と B」は A and B で表します。
(2)「A それとも B」は A or B で表します。
(3)often「よく, たびたび」は, 一般動詞 go の前に置きます。「〜へ行く」は go to 〜,「〜といっしょに」は with 〜。

いろいろな疑問文

24 what を使って「何 ?」と たずねる文

→ 本冊75ページ

❶ (1)What is　(2)What do
　(3)What does　(4)What can

解説「何（を）」とたずねるときは what を使います。what はいつも文の先頭に置きます。
(1)「あれは［これは］何ですか」は What is that [this]? で表します。
(2)(3) 一般動詞 do, mean の疑問文なので, What のあとは〈do [does] ＋主語＋動詞〜?〉の形になります。
(4)「あなたは何を〜することができますか」は〈What can you ＋動詞〜?〉で表します。

❷ (1)What's your cat's name?
　(2)What do you do

解説 (1)「〜は何ですか」は What is 〜? で表します。what's は what is の短縮形です。
(2)「あなたは何をしますか」は What do you do? です。what のあとの do は疑問文を作る do で, 最後の do は「〜をする」という意味の一般動詞です。

25 what を使って「何の［どんな］〜?」 「何時 ?」とたずねる文

→ 本冊77ページ

❶ (1)What color　(2)What, do
　(3)What time / It's

解説 (1)(2)「何の［どんな］〜」は〈what ＋名詞〉。
(3)「何時ですか」は What time is it?。時刻を答えるときは, 主語に it を使って〈It's [It is] ＋時（＋分）.〉と言います。

❷ (1)What country do you
　(2)What time do you

解説 (1)What country「どの国」を文の先頭に置き,〈do you ＋動詞〜?〉を続けます。
(2)What time「何時に」を文の先頭に置き,〈do you ＋動詞〜?〉を続けます。

26 how を使って「どのようにして ?」 「いくつ ?」とたずねる文

→ 本冊79ページ

❶ (1)How / by　(2)How many / ten

解説 (1)「どのようにして」と手段・方法をたずねるときは how を使います。「バスで」のような移動手段は〈by＋乗り物〉で表します。
(2) 数は How many 〜? でたずねます。

❷ (1)How do you study
　(2)How many books do you

解説 (1)How「どのようにして」を文の先頭に置き,〈do you ＋動詞〜?〉を続けます。
(2)How many books「何冊の本」を文の先頭に置き,〈do you ＋動詞〜?〉を続けます。

27 who を使って「だれ ?」, whose を 使って「だれの ?」とたずねる文

→ 本冊81ページ

❶ (1)Who / He　(2)Whose / mine

解説 (1)「〜はだれですか」とたずねるときは who を使います。that boy「あの男の子」は, 答えの文では he「彼は」になります。
(2)「だれの〜ですか」と持ち主をたずねるときは whose を使います。「私の（もの）」は mine。my のあとには必ず名詞が必要です。

❷ (1)Who / She　(2)Whose / Mika's

解説 (1)「〜はだれですか」は Who is 〜?。that woman「あの女の人」は, 答えの文では she「彼女は」になります。
(2)「これはだれの〜ですか」は Whose 〜 is this?。「ミカの（もの）」は Mika に〈's〉をつけて表します。

28 when を使って「いつ」, where を使って「どこ ?」とたずねる文

→ 本冊83ページ

❶ (1)When / Monday　(2)Where / In

解説 (1)「いつ」と時をたずねるときは when を使います。「月曜日」は Monday。Saturday は「土曜日」, Friday は「金曜日」。
(2)「どこで」と場所をたずねるときは where を使います。「体育館で」は in the gym。

❷ (1)When is　(2)Where is
　　(3)Where do

（解説）(1)「〜はいつですか」は When is 〜?。
(2)「〜はどこにいますか」は Where is 〜?。
(3)Where「どこに」のあとは〈do you ＋動詞 ?〉の
　形になります。

おさらい問題 24 〜 28

➡ 本冊 86〜87ページ

❶ (1)Who　(2)What　(3)When
　　(4)How　(5)Whose　(6)Where

（解説）(1)「〜はだれですか」は Who is 〜?。
(2)「これは何ですか」は What is this?。
(3)「いつ」と時をたずねるときは when を使います。
(4)「どのようにして」と手段・方法をたずねるときは
　how を使います。
(5)「だれの〜ですか」と持ち主をたずねるときは
　whose を使います。
(6)「どこ」と場所をたずねるときは where を使います。

❷ (1)day　(2)How　(3)Which

（解説）(1)「水曜日です」と答えているので, 曜日を
　たずねる文にします。What day (of the week)
　is it today? で「今日は何曜日ですか」。
(2)「雨（降り）です」と答えているので, 天候をたずね
　る文にします。How is the weather in 〜? で
　「〜の天気はどうですか」。
(3)「この新しいのが私の（もの）です」と答えている
　ので,「どちらの [どの] ラケットがあなたの（もの）
　ですか」とたずねる文にします。「どちらの [どの] 〜」
　は〈which ＋名詞〉で表します。

❸ (1)When is her birthday?
　　(2)What time is it now?
　　(3)What animal do you like?
　　(4)How many English books do you

（解説）疑問詞は必ず文の先頭に置きます。「いつ」「ど
　こで」など, たずねたい要点を最初に言ってから,
　具体的な文を続けます。
(1)「〜はいつですか」は When is 〜?。
(2)「何時ですか」は What time is it?。now「今」は,
　ふつう文の最後に置きます。
(3)What animal「どんな動物」を文の先頭に置き,

〈do you ＋動詞〜?〉を続けます。
(4)How many English books「何冊の英語の本」
　を文の先頭に置き,〈do you ＋動詞〜?〉を続け
　ます。

現在進行形の文

---

29 「（今）〜しています」を表す
〈be 動詞＋動詞の ing 形〉

➡ 本冊 89ページ

❶ (1)am studying　(2)are watching
　　(3)is playing

（解説）「今〜しているところです」という進行中の動
　作は〈be 動詞（am, are, is）＋動詞の ing 形〉
　で表します。be 動詞は, 主語によって使い分けま
　す。動詞の ing 形は, 動詞の終わりに ing をつけ
　て作ります。
(1) 主語が I なので am を使います。study →
　studying。
(2) 主語が We（複数）なので are を使います。
　watch → watching。
(3) 主語が My father（自分と相手以外の1人の人）
　なので is を使います。play → playing。

❷ (1)are playing　(2)am writing
　　(3)are running

（解説）(1) 主語が Kenta and Jim（複数）なので
　are を使います。play → playing。
(2) 主語が I なので am。write のように e で終わる
　動詞 は, e をとって ing をつけます。write
　→ writing。
(3) 主語が They（複数）なので are。run は最後の
　文字を重ねて ing をつけます。run → running。

30 「（今）〜していません」を表す
〈be 動詞＋ not ＋動詞の ing 形〉

➡ 本冊 91ページ

❶ (1)am not　(2)are not　(3)is not

（解説）「（今）〜していません, 〜しているところでは
　ありません」は, 現在進行形の否定文で表します。
　現在進行形の否定文は, be 動詞（am, are, is）
　のあとに not を入れます。
(1) 主語が I → am のあとに not を入れます。
(2) 主語が They（複数）→ are のあとに not を入れ

ます。

(3) 主語が Kei（自分と相手以外の1人の人）→ is の
あとに not を入れます。

❷ (1)I'm not reading a newspaper
(2)They are not speaking
(3)He isn't doing his homework

解 説 「（主語）は（今）～していません」は，現在進
行形の否定文〈主語＋ be 動詞（am, are, is）＋
not ＋動詞の ing 形～.〉で表します。

(1)I'm は I am の短縮形です。I'm のあとに not を入
れます。

(2)are のあとに not を入れます。

(3)isn't は is not の短縮形です。isn't のあとに動詞
の ing 形（doing）を置きます。

31 「（今）～していますか」を表す
〈be 動詞＋主語＋動詞の ing 形～?〉
→ 本冊 93ページ

❶ (1)Is / is not
(2)What are / reading

解 説 (1)「（今）～していますか」は，現在進行形の
疑問文で表します。現在進行形の疑問文は，be
動詞（am, are, is）を主語の前に置きます。主語
が Taro（自分と相手以外の1人の人）→ is を主
語の前に置きます。答えるときも be 動詞を使い
ます。

(2)「あなたは何を～しているのですか」は，What「何
を」を文の先頭に置き，〈are you ＋動詞の ing
形～?〉を続けます。

❷ (1)Is your sister making a cake
(2)What are those students
doing?

解 説 (1)「（主語）は今～しているのですか」は，現
在進行形の疑問文〈be 動詞（am, are, is）＋主
語＋動詞の ing 形～?〉で表します。

(2)「（主語）は何をしているのですか」は，〈What ＋
be 動詞＋主語＋ doing?〉で表します。

おさらい問題 29 ～ 31
→ 本冊 96～97ページ

❶ (1)skating　(2)reading

(3)running　(4)taking

解 説 いずれも「（今）～しています」という進行中
の動作を表す文です。be 動詞（am, are, is）のあ
とにくる動詞を ing 形にします。

(1)(4)e で終わる動詞は，e をとって ing をつけます。
skate → skating, take → taking。

(2)read → reading。

(3)run は最後の文字を重ねて ing をつけます。
run → running。

❷ (1)am playing　(2)is not
(3)Is, cooking / No, isn't

解 説 (1)「今～している」は，現在進行形〈be 動詞
（am, are, is）＋動詞の ing 形〉で表します。

(2)現在進行形の文を否定文にします。be 動詞のあ
とに not を入れます。

(3)現在進行形の文を疑問文にします。be 動詞を主
語の前に置きます。答えるときも be 動詞を使い
ます。

❸ (1)are having　(2)isn't
(3)What is / making

解 説 (1)進行中の動作を表す文。主語が We なの
で are を使い，動詞は ing 形（having）。

(2)「（今）～していません」は〈be 動詞＋ not ＋動詞
の ing 形〉で表します。isn't は is not の短縮形
です。

(3)「（主語）は何を～しているのですか」は，What「何
を」を文の先頭に置き，〈be 動詞 ＋ 主語＋動詞の
ing 形 ?〉を続けます。答えるときも〈be 動詞＋
動詞の ing 形〉を使います。she's は she is の短
縮形です。

❹ (1)Is she practicing the piano
(2)What are you doing
(3)I'm doing my homework.

解 説 (1)「（主語）は今～しているのですか」は，〈be
動詞＋主語＋動詞の ing 形～?〉で表します。

(2)「（主語）は今，何をしていますか」は，〈What ＋
be 動詞＋主語＋ doing now?〉で表します。

(3)「私は～しています」は〈I'm [I am] ＋動詞の
ing 形～.〉で表します。

過去の文

32 「〜しました」を表す過去の文①

→ 本冊 99ページ

❶ (1) played　(2) cooked　(3) studied

解説 「〜しました」と過去にしたことを表すときは，動詞の過去形を使います。動詞の過去形は，動詞の終わりに ed をつけます。
(1) play → play**ed**。
(2) cook → cook**ed**。
(3) study は，y を i にかえて ed をつけます。study → stud**ied**。

❷ (1) lived　(2) played　(3) cleaned

解説 いずれも過去のことを表す文です。動詞を過去形にします。
(1)「住んでいる」は live。e で終わる動詞の過去形は d だけをつけます。live → live**d**。
(2)「(楽器) を演奏する，ひく」は play → play**ed**。
(3)「〜をそうじする」は clean → clean**ed**。

33 「〜しました」を表す過去の文②

→ 本冊 101ページ

❶ (1) bought　(2) ate　(3) had
　 (4) saw　　(5) read　(6) wrote

解説 過去形が違う形になる不規則動詞は，とてもたくさんあります。1つ1つ覚えましょう。
(1) buy → bought。　(2) eat → ate。
(3) have → had。　(4) see → saw。
(5) read [ri:d] の過去形は read [red] です。つづりは同じですが，発音が違うので注意しましょう。
(6) write → wrote。

❷ (1) went, yesterday
　 (2) made, last　(3) came, ago

解説 (1) go「行く」の過去形は went です。「昨日」は yesterday。
(2) make「〜を作る」の過去形は made です。「この前の〜 (に)」は last 〜 で表します。
(3) come「来る」の過去形は came です。「〜前に」は〜 ago で表します。

34 did を使って「〜しませんでした」と否定する文

→ 本冊 105ページ

❶ (1) did not　(2) didn't

解説 どちらも過去の文です。過去の否定文は，動詞の前に did not を入れます。短縮形は didn't。動詞は，過去形ではなくそのままの形 (原形) を使います。

❷ (1) didn't practice　(2) did, go
　 (3) did, have

解説 「(主語) は〜しませんでした」という過去の否定文は，〈主語＋ didn't [did not] ＋一般動詞 (原形) 〜.〉で表します。動詞は，過去形ではなく原形を使うことに注意しましょう。
(1) practiced は practice「〜を練習する」の過去形です。
(2) went は go「行く」の過去形。
(3) had は have「〜を食べる」の過去形。

35 did を使って「〜しましたか」とたずねる文

→ 本冊 107ページ

❶ (1) Did　(2) Did

解説 どちらも過去の文です。過去の疑問文は，主語の前に Did を置きます。動詞は，過去形ではなくそのままの形 (原形) を使います。

❷ (1) Did, play / did
　 (2) Did, go / didn't

解説 「(主語) は〜しましたか」という過去の疑問文は，〈Did ＋主語＋一般動詞 (原形) 〜?〉で表します。動詞は，過去形ではなく原形を使うことに注意しましょう。Did 〜? には did を使って答えます。
(2) did not の短縮形は didn't です。

36 was, were を使って「〜でした」を表す文

→ 本冊 111ページ

❶ (1) was　(2) were　(3) was

解説 be 動詞 (am, are, is) の文を過去の文にするときは，be 動詞の過去形を使います。
(1) am の過去形は was です。

(2) are の過去形は were。

(3) is の過去形は was。

❷ (1)was　(2)We were　(3)was

解説 「〜でした」と過去のことについて説明するときは, was [were] を使います。was と were は, 主語によって使い分けます。主語が I → was, You・複数→ were, それ以外→ was を使います。

(1) 主語が My grandfather → was。

(2) 主語が We (複数) → were。

(3) 主語が It → was。

---

37 was, were を使って「〜ではありませんでした」「〜でしたか」を表す文

❶ (1)was not　(2)Were they

解説 (1)was[were]を使った否定文は,was[were]のあとに not を入れます。「私はそのときおなかがすいていませんでした」という文になります。

(2)was [were] を使った疑問文は, was [were] を主語の前に置きます。「彼ら [彼女たち] は音楽室にいましたか」という文になります。

❷ (1)were not　(2)Was / wasn't　(3)Were / was

解説 (1)「〜にいませんでした」という過去の否定文は, was [were] のあとに not を入れます。主語が We (複数) なので were を使います。

(2)「〜でしたか」という過去の疑問文は, was [were] を主語の前に置きます。主語が the test なので was を使います。Was 〜? には was を使って答えます。was not の短縮形は wasn't。

(3)「あなたは〜でしたか」は Were you 〜? で表します。Were you 〜? には Yes, I was. / No, I wasn't [was not]. で答えます。

---

38 〈was [were] ＋動詞の ing 形〉を使って「〜していました」を表す文

→ 本冊 115ページ

❶ (1)was helping　(2)was reading　(3)were studying

解説 「(そのとき) 〜していました」という過去のある時点で進行中だった動作は〈was [were] ＋動詞の ing 形〉で表します。was と were は, 主語

によって使い分けます。主語が I → was, You・複数→ were, それ以外→ was を使います。

❷ (1)was singing　(2)was playing　(3)were having [eating]

解説 (1) 主語が Miki なので was を使います。「〜を歌う」は sing → singing。

(2) 主語が My sister なので was を使います。「(楽器) を演奏する, ふく」は play → playing。

(3) 主語が We (複数) なので were を使います。「〜を食べる」は have または eat で表します。have は e をとって→ having。eat → eating。

---

39 〈was [were] ＋動詞の ing 形〉を使って「〜していませんでした」「〜していましたか」を表す文

→ 本冊 117ページ

❶ (1)was not　(2)Were they

解説 (1)〈was [were] ＋動詞の ing 形〉(過去進行形) の否定文は, was [were] のあとに not を入れます。「彼女はそのとき眠っていませんでした」という文になります。

(2)〈was [were] ＋動詞の ing 形〉(過去進行形) の疑問文は, was [were] を主語の前に置きます。「彼ら [彼女たち] は卓球をしていましたか」という文になります。

❷ (1)not watching　(2)Was, studying / was　(3)What, doing / was listening

解説 (1)「(主語) は〜していませんでした」は, 過去進行形の否定文〈主語＋ was [were] not ＋動詞の ing 形〜.〉で表します。「〜を見る」は watch → watching。

(2)「(主語) は〜していましたか」は, 過去進行形の疑問文〈Was [Were] ＋主語＋動詞の ing 形〜?〉で表します。主語が Ryota なので was を使います。「勉強する」は study → studying。Was 〜? には was を使って答えます。

(3)「(主語) はそのとき何をしていましたか」は, 過去進行形の疑問文〈What ＋ was [were] ＋主語＋ doing then?〉で表します。「私は〜していました」は〈I was ＋動詞の ing 形〜.〉で表します。「〜を聞く」は listen to 〜。listen → listening。

おさらい問題 32 ～ 39

➡ 本冊 120～121ページ

❶ (1)was　　(2)didn't　(3)studied
　(4)made　(5)Did / did
　(6)Was / wasn't　(7)were / were

解説 (1)「～でした」と過去のことについて説明するときは，be 動詞 (am, are, is) の過去形 was [were] を使います。主語が The woman なので was を使います。
(2)「～しませんでした」という過去の否定文は，〈didn't [did not] ＋一般動詞 (原形)〉で表します。
(3)(4)「～しました」と過去にしたことを表すときは，一般動詞の過去形を使います。study の過去形は studied, make の過去形は made です。
(5)「(主語) は～しましたか」という過去の疑問文は，〈Did ＋主語＋一般動詞 (原形) ～?〉で表します。Did ～? には did を使って答えます。
(6)「～でしたか」という過去の疑問文は，was [were] を主語の前に置きます。主語が the book なので was を使います。Was ～? には was を使って答えます。was not の短縮形は wasn't。
(7)「(主語) はそこで何をしていましたか」は，過去進行形の疑問文〈What + was [were] ＋主語＋doing there?〉で表します。主語が they (複数) なので were を使います。「彼らは～していました」は〈They were ＋動詞の ing 形～.〉で表します。

❷ (1)I went to school with Yoko.
　(2)Was Ms. Brown in the classroom?
　(3)My mother was cooking lunch.

解説 現在の文を過去の文にするときは，動詞を過去形にします。
(1)go を過去形 went にします。
(2)(3)is を過去形 was にします。(3) は進行形の文。動詞の ing 形は，現在の文でも過去の文でも形はかわりません。

❸ (1)played, last　(2)was, last
　(3)Were / was
　(4)Did, last / didn't / ago

解説 (1)「～しました」という過去の文。play の過

去形 played を使います。「この前の～ (に)」は last ～で表します。
(2)「～でした」は，be 動詞の過去形 was [were] で表します。主語が Lisa なので was を使います。「昨年」は last year。
(3)「(主語) は～していましたか」は，過去進行形の疑問文〈Was [Were] ＋主語＋動詞の ing 形～?〉で表します。主語が you「あなたは」なので were を使います。答えの文は，主語が I「私は」になるので was を使います。
(4)「(主語) は～しましたか」は，〈Did ＋主語＋一般動詞 (原形) ～?〉で表します。「先月」は last month。Did ～? には did を使って答えます。did not の短縮形は didn't。「～前に」は～ ago。

いろいろな表現

---

40 「～に見えます」〈look ＋形容詞〉，「～に聞こえます」〈sound ＋形容詞〉の文

➡ 本冊 123ページ

❶ (1)look　(2)looks
　(3)sounds

解説 (1)(2) 人のようすを見て，「～そうだね」と言うときは〈look ＋形容詞〉で表します。この look は「見る」ではなく，「～ (のよう) に見える」という意味です。
(2) 主語が Kei なので looks となります。
(3) 人の話を聞いて，「～そうだね」と言うときは〈sound ＋形容詞〉で表します。sound は「～に聞こえる，思える」という意味。主語の that「それは」は，相手の話 (の内容) を指します。

❷ (1)look sick
　(2)looked, tired
　(3)sounds great [nice, good]

解説 (1) 見て感じることなので look を使います。「具合が悪い」は sick。
(2) 過去の文なので，動詞を過去形 looked にします。「疲れた」は tired。
(3) 相手の提案を聞いて，同意する表現です。相手の提案は that「それは」で表します。主語が that なので sounds とします。